Doris Hofer

über Brücken

Blaukreuz-Verlag Bern

Doris Hofer

über Brücken

Der Weg
einer Gemeindeschwester

© by Blaukreuz-Verlag Bern 1994

Umschlag und Illustration: Hans Christen
Fotolithos: Repro Marti AG Bern
Satz und Druck: G. Maurer AG Spiez
Bindearbeiten: Schumacher AG Schmitten FR

ISBN 3 85580 343 9

Hat sie vergessen, die Wohnungstüre abzuschließen? Wohl kaum. Aber die Türe ist offen.

Vorsichtig späht Schwester Ruth umher. Nichts Verdächtiges?

«Ist jemand hier?»

Keine Antwort. Sie guckt unter die Couch, öffnet die Besenkammer, schaut ins Badezimmer.

Nichts! Niemand!

Und doch ist jemand da gewesen. Sie riecht es. Sie sieht auch, daß die Bücher durchsucht worden sind, obwohl alle ordentlich in ihren Reihen stehen. Eine Topfpflanze ist verschoben, das Tischtuch unregelmäßig.

Das Feriengeld! Erschrocken greift sie nach der Nähschachtel. Sie hat einen doppelten Boden. Ein Glück, alles ist da!

Ruth schlüpft aus den Schuhen, legt sich hin, denkt nach. In letzter Zeit häufen sich die merkwürdigen Einbrüche im Quartier. Die Türen weisen keine Gewaltanwendung auf. Nichts deutet auf einen Eindringling hin, alles steht an seinem Platz, und doch verschwinden Uhren, Schmuck, Kleider und Bargeld. Öffnen kann der Dieb, aber nicht mehr zuschließen.

Es bleibt ihr nichts übrig, als ein Sicherheitsschloß einbauen zu lassen, aber im Augenblick fehlt dazu das Geld. Nun, da der Einbrecher nichts gefunden hat, versucht er es wohl kein zweites Mal.

Wenn es nur nicht Dino gewesen ist, der «kleine» Bruder; aber nein, bestohlen hat er sie nie. Er ist zwar ein Schlitzohr und ständig in Geldnöten, aber zu einer solchen Gemeinheit wäre er wohl nicht imstande.

Der Frühlingsvogel singt: Ziwitt, ziwitt.

Schwester Ruth lächelt. Das Signal seit Kindertagen: Der Frühling ist nicht mehr weit.

Selber wie ein munterer Vogel, mit glänzendschwarzem Gefieder unter dem weißen Häubchen und flinken Kirschenaugen, eilt sie daher. Leichtfüßig ist sie und hurtig. Die dunkle Mantille umflattert sie wie schnell schlagende Flügel.

Die Leute des Quartiers kennen sie, erwidern ihren Gruß. Manche haben sie aus Krankheitstagen in Erinnerung. Wie sie das macht bei ihrem schweren Dienst, immer munter und fröhlich zu sein?

O nein, das ist sie durchaus nicht alle Tage. Es gibt so viel Trauriges, und wenn man nicht ein starkes Gegengewicht als Ausgleich hätte, könnte man leicht schwermütig werden.

Diese Woche beginnt gut. Da ist Frau Wenger mit der Gürtelrose, die jedesmal mit einem reichlichen Frühstück aufwartet. Ungeachtet ihrer Schmerzen stellt sie Kaffee, Schlagrahm, knuspriges Brot und selbstgemachten Quittengelee auf den Tisch. Auch

Wurst und Eier fehlen nicht. Es geht doch nichts über ein ordentliches Frühstück!

Die gute Frau besteht darauf, daß Schwester Ruth tüchtig einpackt, bevor sie sich ans Einstreichen der entzündeten Hautpartien macht. Das Übel ist am Abklingen. Anfangs war es nicht auszuhalten: schlimmer als «das Feuer in Holland».

Frau Wenger ist zwölffache Großmutter. Ihre Wohnungswände sind mit Kinderzeichnungen tapeziert, Fotos stehen auf Schrank und Kommode. Ruth kennt bereits die Namen, die Besonderheiten eines jeden Enkels. Ja, Frau Wenger hat es gut. Sie hat so viele zum Liebhaben.

Heute hat Bruno Waser einen schlechten Tag. Seine Augen sind gerötet, sein Bart wuchert, das Hemd ist fleckig, und für Ruths fröhliches «Guten Morgen» hat er nur ein Brummen übrig.

Bruno leidet unter fortschreitender Lähmung der Beine. Es bereitet ihm immer größere Schwierigkeiten, aufzustehen, vom Schlafzimmer zur Küche und von dort ins Wohnzimmer zu gelangen. Es ist Jahre her, seit er zum letztenmal im Freien war. Ein Glück, daß sein Balkon sonnig ist, so kann er sich an die frische Luft setzen. Trotz seines Leidens hat er sonst immer einen Scherz bereit. Er neckt die Schwester wegen ihres «Heiligenscheins», wegen ihrer groben Strümpfe und des uneleganten Rockes.

«Kein Wunder, daß Sie keinen Mann bekommen haben! Eine so hübsche Frau sollte sich nicht wie eine Vogelscheuche kleiden.»

«Wer sagt denn, daß ich einen Mann haben will?» gibt ihm die Schwester ungekränkt zurück. «Bis jetzt bin ich ohne ganz gut zurechtgekommen, und auf einen solchen Brummbären wie Sie kann ich leicht verzichten.»

«Halt, Schwester Ruth! Sie hätten mich vor nur fünf Jahren sehen sollen! Ein Baum von einem Mann. Noch alle Zähne und unwiderstehlich für Junge und Alte.»

«Ja, wer's glaubt!» Sie mustert seine schwerfällige Gestalt, den glänzenden Kahlschädel, die groben Hände.

Das erbittert ihn allemal. «Natürlich, Sie glauben mir nicht! Ein Krüppel wie ich, der sich bald gar nicht mehr bewegen kann. Aber im Ernst...»

Schwester Ruth weiß, was jetzt kommt. Schnell schiebt sie seinem Selbstmitleid einen Riegel vor. «Ihr Mundwerk jedenfalls ist noch ganz munter», sagt sie und reibt die rot geschwollenen Füße mit Kräuteröl ein.

Sein Selbstwertgefühl hebt sich etwas. Ja, hat er doch all die ungezählten Bücher in den Schränken gelesen. Es soll ihm einer kommen und ihn auf die Probe stellen. In Sachen Bildung nimmt es nicht schnell einer mit ihm auf, jawohl.

Nein, heute ist Bruno nicht auf dem Damm. Er schweigt. Das ist ein schlechtes Zeichen.

«Hatten Sie eine gute Nacht?»

«Mmhm.»

«Was macht der Rücken? Kommen Sie, wir wollen ihn etwas bearbeiten.»

Schweigen.

Da zieht sie eine Tafel Schokolade aus der Manteltasche.

Finster und ohne zu danken, reißt er das Papier auf, beginnt mit zahnlosen Kiefern zu mahlen. Brauner Saft rinnt aus seinem Mundwinkel. Er ißt und schlingt, bis die ganze Tafel verspiesen ist.

Keinen Riegel hat er ihr angeboten, der Egoist!

Aber jetzt, wo der Blutzuckerspiegel etwas gestiegen ist, bricht es aus ihm heraus: Heute ist es zwei Jahre her, daß sein lediger Sohn, der bei ihm wohnte, seinem Leben ein gewaltsames Ende machte. Er hatte kein Glück in seinem Leben. Die Frauen blieben nicht bei ihm, alle liefen sie ihm davon. Darin habe er gar nicht seinem Vater nachgeschlagen. Er begann zu trinken, wurde liederlich, vernachläßigte seine Arbeit. Immer öfter war er morgens nicht aus dem Bett zu bringen. Man warnte ihn, umsonst. Als er die Kündigung erhielt, machte er seinem Leben ein Ende.

«Hier saß ich», erzählt Bruno, «als ich den Schuß hörte. Jede Hilfe kam zu spät.»

Er starrt vor sich hin.

«Seither geht es auch mit mir nur noch bergab. Sagen Sie selbst, Schwester: Was soll dies alles noch für einen Sinn haben? In Kürze werde ich mich nicht mehr von der Stelle rühren können. Das Pflegeheim unter lauter stumpfsinnigen Alten ist mir sicher. Lieber sterben!»

Was kann, was soll man darauf antworten?

Sie knetet und reibt den massigen Rücken, aber eigentlich ist es ein unnützes Unterfangen. Trotzdem – es tut ihm gut und gibt ihm das Gefühl, daß noch etwas getan werden kann.

«Meine Frau», erzählt er weiter, «verwöhnte den Jungen. So hart und lieblos wie sie zu mir war, so weich und ‹blind› war sie ihm gegenüber. Sie räumte ihm alle Schwierigkeiten aus dem Weg, nahm ihm alles ab, ‹forderte› ihn nie. Wie hätte da ein Mann aus ihm werden können? Sie – sie ist schuld.»

Wild schaut er vor sich hin. Dann geht ein Zucken über das fleischige Gesicht: «Aber vielleicht ist es auch die Strafe … die Strafe. Oft liege ich wach und studiere daran herum. Was meinen Sie, Schwester? Ich hatte viele Jahre eine Freundin. Sie wohnte in Augsburg, eine kluge, schöne Frau. Sehen Sie hier!» Er zieht ein vergilbtes Bildchen aus der Schublade. «Als Monteur, der immer unterwegs war, ließ sich das gut machen. Vielleicht verwöhnte meine Frau unseren Sohn so, weil sie an mir nichts hatte. Ich liebte sie ja nicht, gab ihr keine guten Worte. Ja, immer mehr denke ich, daß es meine Schuld ist. Und jetzt, wo ich frei bin, macht mir die Freundin keine Freude mehr. Wir schreiben einander noch. Sie möchte immer herkommen, um mich zu besuchen, aber ich will nicht, daß sie mich so sieht: lahm, dick, zahnlos, ohne Haare. Sehen Sie dort!» Er weist auf ein Ölbild an der Wand. «Das war ich mit vierzig Jahren. Ein schöner Mann mit viel schwarzem Haar und feurigen Augen. Sagen Sie selbst, Schwester: Sie würde mich nicht mehr erkennen. Mitleid wäre das letzte, was ich ertragen könnte.» Und dann, das Bild verächtlich in die Schublade stopfend: «Und sie selbst ist gewiß auch keine Schönheit mehr, jetzt, zwanzig Jahre später.»

Die Uhr schlägt zehn. Die Zeit ist um.

Bruno Waser klickt den Fernseher ein. Skimeisterschaften.

Weg, nur weg aus diesem Gefängnis! Das hält ja keiner aus.

Bruno Waser erwidert den Gruß nicht, als Schwester Ruth aus dem Zimmer geht.

Der Tag ist feucht und frostig. Schwer hängt der Himmel über den Dächern.

Ihr Herz ist schwer. Wie kann man Bruno helfen?

Ihr nächster Gang gilt der Witwe Behr. Neben zu hohem Blutdruck fehlt dieser nichts. Wieselflink ist sie und immer noch auf den Beinen. Seit ihrer doppelten Lungenentzündung beharrt sie auf Schwester Ruths wöchentlichem Besuch.

Sie muß einmal sehr schön gewesen sein. Noch glänzen die dunklen Augensterne. Frau Behr legt Wert auf Nippes und feine Deckchen. Sie kommt aus «gutem Haus». Ein geschnitztes Eichenbuffet – viel zu groß für das enge Wohnzimmer – und ein massiger Tisch zeugen von besseren Zeiten. In der Vitrine schweben Tänzerinnen; Elefanten und Giraffen aus Glas gesellen sich zu Gazellen und rosa Flamingos. Staub zu wischen ist fast unmöglich.

Frau Behr hat bereits Kaffee gekocht. Zierliche Schälchen stehen auf dem eingelegten Tischchen am Fenster. Sie schneidet den Marmorkuchen in dünne Scheiben.

Ihre Miene wirkt geheimnisvoll. Sie hat Geburtstag heute. Hat Schwester Ruth das nicht gewußt? Sie meint, an diesem ihrem Tag müßten ihr alle gratulieren. Und jetzt, von genußvollem Kauen unterbrochen, mit flinker Zungenspitze Krümelchen von den nassen Lippen hereinholend, erzählt sie von ihrer Jugend, der fernen.

Einen Schatz hatte sie. Achtzehn war sie und soo blond.

Sie holt ein vergilbtes Bildchen von der Kommode. Ein Mädchen mit Schnürstiefeln und steifer Schürze, eine mächtige Schleife im Haar.

14

Ihr Geliebter wollte es zu etwas bringen, ging in fremde Länder, schrieb lange nicht. Da wurde sie es leid, dachte, er habe sie längst vergessen, und heiratete aus Trotz einen anderen. Das hätte sie nicht tun sollen. Es war keine Liebe. In ihren Träumen geisterte immerzu der Verschollene. Und als er endlich wiederkam, war es zu spät. Er hatte es zu etwas gebracht, ganz im Gegensatz zu ihrem Mann, der als einfacher Arbeiter keinerlei Ehrgeiz entwickelt habe. Es sei schwer gewesen, im selben Dorf zu wohnen, zu sehen, wie auf dem Hügel das schönste Haus der Gegend stand, der jungen Frau mit dem Kinderwagen zu begegnen, mit seinem Kind, das doch das ihre hätte sein können.

Ja, so mache man Fehler und habe dann ein Leben lang an den Folgen zu tragen.

Frau Behr hat nasse Augen. Sie wartet auf ein mitfühlendes Wort, aber es kommt keines.

Schwester Ruth beeilt sich, den Blutdruck zu messen. Er ist leicht erhöht, aber das geht auf Kosten des Geburtstages.

Schwester Ruth nimmt ein anderes Bild von der Kommode, betrachtet es und sagt: «Vielleicht haben Sie vor lauter Träumen vom verpaßten Glück Ihr eigenes nicht wahrgenommen? Ich habe Herrn Behr als einen wackeren, aufrichtigen Mann geschätzt. Ich hoffe, er hat nicht zu sehr unter Ihrer Enttäuschung gelitten.»

Diese Schwester! Wie kommt die ihr bloß? Ja, das sind eben die Ledigen. Kennen Liebeskummer nur vom Hörensagen.

Achselzuckend räumt sie die Porzellantassen weg. Sie hat sich dieses Kaffeestündchen etwas anders vorgestellt ...

Frau Tanner öffnet nicht.

Wieder und wieder drückt Ruth die Klingel.

Ob sie einkaufen gegangen ist? Aber sie geht doch kaum mehr aus dem Haus!

Schließlich fragt Ruth die Nachbarin. Nein, ihr ist nichts aufgefallen. Vor kurzem hat sie sie noch beim Geschirrspülen gehört.

Jetzt muß der Hausmeister geholt werden. Er hat einen Zweitschlüssel für die Wohnung. Er mache es zwar nicht gern, einfach so in eine Wohnung eindringen. Es könne ja sein, daß sie sich wieder aufs Ohr gelegt habe, das Läuten nicht höre.

Aber Frau Tanner schläft nicht. Sie liegt auf dem Küchenboden, die Augen halb geöffnet. Ihr Atem geht stoßweise.

In sieben Minuten ist der Notfallwagen da. Sorgfältig wird Frau Tanner auf die Trage gelegt – mit Blaulicht geht's zum nahen Spital.

Schwester Ruth hält die schlaffe Hand, beobachtet die Bewußtlose. Diese hat sich so sehr auf ein Wochenende bei ihrem verheirateten Sohn gefreut.

Das erste seit vielen Jahren! Er hat ihr sein neuerbautes Haus zeigen wollen. Vorher war nie genug Platz in der engen Wohnung. Heimlich hat die Mutter gehofft, daß sie im «Gästezimmer» ein bleibendes Plätzchen finden könne. Das wäre Glücks genug für sie gewesen, die immer allein saß, ganze Sonntage am Fenster, in der Hoffnung, es komme sie jemand besuchen.

Vielleicht ist die Aufregung zuviel für sie gewesen?

Der Koffer hat gepackt auf dem Küchentisch gestanden. Saubere Nachthemden sind darin, Hausschuhe, ein neues Reißverschlußtäschchen mit Kamm, Bürste und Toilettenwasser.

Schwester Ruth hat alles mitgenommen. Im Spital braucht Frau Tanner die Sachen auch.

Sie bekommt Spritzen, Infusionen. Man tut, was man kann.

Der Sohn und die Schwiegertochter sind bald zur Stelle. «Wird sie davonkommen? Zu schade, gerade dieses Wochenende war sie bei uns eingeladen.»

Nur übers Wochenende? Kein Wort davon, daß sie dort ein bleibendes Heim erwarte. Platz wäre ja mehr als genug vorhanden.

Am Abend stirbt Frau Tanner, ohne das Bewußtsein wieder erlangt zu haben. So bleibt ihr die Enttäuschung erspart, daß nur ein kurzes Wochenende gemeint war.

Herr Notz hat sich etwas Schönes ausgedacht: Er will mit Schwester Ruth einen Ausflug machen. Seinen Wagen hat er innen und außen auf Hochglanz gebracht. Er weiß auch, wo er mit ihr ein kleines Abendessen einnehmen wird. Sie wird sein Gast sein. Punktum! Keine Widerrede! Schließlich ist er ein Kavalier der alten Schule, der weiß, was sich gehört.

Herr Notz hat seinen besten Anzug herausgehängt, ihn gebürstet und gut ausgelüftet. Das dunkelblaue Hemd und die rote Krawatte passen sehr gut dazu.

Er ist stolz darauf, noch nie einen Unfall «gebaut» zu haben. Obwohl über achtzig – kein Mensch gäbe ihm mehr als sechzig –, besteht er die jährlichen Prüfungen anstandslos. Nähme man ihm den Wagen – das Leben wäre ihm nicht mehr halb soviel wert. Obwohl – er wird sich hüten, es jemandem zu sagen – er schläft hin und wieder am Steuer ein. Nur einen Moment – dann ist er wieder voll da. Immerhin – eine unbedachte Sekunde würde genügen ..., aber man soll den Teufel nicht an die Wand malen. Wenn aber Schwester Ruth an seiner Seite sitzt, wird ihn der Schlaf bestimmt nicht übermannen.

Sie ist sein heimlicher Schwarm. So biegsam ist sie, in ihrer schlichten Tracht. Ihr Lächeln ist schön, ihre Hände sind so sanft, wenn sie ihm das schmerzende Kreuz einreibt. Kein Zweifel, es ergeht ihr wie ihm. Sie mag ihn sehr, ist er doch immer noch ein ansehnliches Mannsbild: dichtes, weißes Haar, rosige Haut, die Augen blau wie je.

Jede Woche geht er ins Thermalbad. Er hat sie gebeten mitzukommen. Allzugerne möchte er wissen, wie lang ihr Haar unter der Haube ist und wie sie sich in einem Badeanzug ausnehmen würde. Aber sie hat nie Zeit. Immer ist sie mit Kranken und Alten beschäftigt – denkt nie an sich selbst.

Ob er ihr einmal von seinen Ersparnissen erzählen soll? Unglaublich, wie sich die Zinsen so «läppern».

Ist doch auch kein Leben für sie: immer sich aufopfern.

Sie könnten es schön haben zusammen. Das dritte Zimmer könnte sie ganz nach ihrem Belieben einrichten.

Herr Notz steht vor dem Spiegel. Er schneidet mit der Schere die wild wuchernden Augenbrauen, wie man eine Hecke schneidet. Gut sieht er aus, der Neid muß es ihm lassen. Halt, da wächst ja noch ein drahtiges Haar aus dem Nasenloch. Weg damit! Jetzt noch einen Tropfen Eau de Cologne auf das Ohrläppchen.

Die Reise kann losgehen.

Es läutet.

Sie ist da.

Er macht eine zu schnelle Wendung. Da fährt ihm

ein höllischer Blitz ins Kreuz. Er schreit auf. Nein! Nicht jetzt! Jetzt nicht! Aber der eingeklemmte Nerv hat kein Erbarmen. Er verwandelt den stolzen Greis in ein wimmerndes Häufchen Elend.

Schwester Ruth kommt gerade recht, um den Notarzt anzurufen, der eine schmerzstillende Spritze verabreicht, und dann heißt es: Ab ins Bett und ja stilliegen!

Frau Frei klaubt aus ihrem Sparstrumpf ein Zwei-frankenstück. Ihr lauernder Blick schweift suchend umher. Dort, unter dem Sofa ist der richtige Platz. Es sieht dann so aus, als sei ihr die Münze beim Mit-tagsschlaf aus der Schürzentasche gerollt. Noch ein Fünffrankenstück nächste Woche und eine Zehner-note etwas später, dann hat die Schwester den Test bestanden.

Die Idee stammt von ihrer Schwester Beth. Die war schon von jeher cleverer als sie. So hat diese alle ihre Helferinnen geprüft. Man fängt mit einem Zeh-ner an und steigert vom Zwanziger zum Fünfziger, vom Einfränkler bis zum Fünffrankenstück. Wenn alles gewissenhaft aufgehoben und abgegeben wird, kann man die Ehrlichkeit der Person als erwiesen betrachten.

Frau Frei ist sonst recht nett. Sie bedankt sich wortreich für jede Hilfeleistung. Sie braut auch mal ein Tässchen Kaffee und stellt sogar Kuchen auf.

Sie hat ein seltsames Leiden: Ihr Darm ist verschlossen. Dann, nach Tagen, bekommt sie Blähungen, rasende Schmerzen, und schließlich entleert sich das Organ und läßt ihr wieder eine Weile Ruhe.

Jeden Morgen, wenn noch alles schläft, wagt sie sich aus dem Haus, geht hinauf bis zum Schwimmbad, hinunter bis zu den Tennisplätzen und zurück nach Hause. Das wiederholt sich Tag für Tag, Jahr für Jahr.

Frau Frei arbeitete in einer Fabrik im Tößtal. Dort lernte sie als «spätes Mädchen» ihren Mann kennen, einen Vorarbeiter. Sie verbrachten viele Jahre in Frieden zusammen. Sonntags gingen sie jeweils in den Zoo, denn er war Ornithologe. Manchmal erstiegen sie den Berg, aßen eine Kleinigkeit und kehrten bei sinkender Sonne in ihr Heim zurück. Es war ein gutes Leben, aber dann kam der Krebs und zerstörte unaufhaltsam die Lungen ihres Mannes. Bange Wochen, quälende Nächte und keine Hilfe.

Nach seinem Tode blieb ihr nur die Schwester, ebenfalls verwitwet. Manchmal gingen sie zusammen in die Warenhäuser, setzten sich auf eine Bank an der Bahnhofstraße und schauten sich die Leute an. Was es da so alles zu sehen gab! Wenig Schönes, aber viel Häßliches. Man konnte darüber nur den Kopf schütteln. Sie leisteten sich dann wohl ein Eis oder eine gegrillte Wurst. Nachher ging's wieder heimwärts. Jede in ihr stilles Heim.

Die größte Pein bedeuten beiden lärmende Kinder. Ein Glück, daß ihnen eine solche Plage erspart geblieben ist. Es kann sogar geschehen, daß einer dieser Fratze sich weigert, in der überfüllten Straßenbahn Platz zu machen. In einem solchen Fall kennen beide keine Hemmungen. Mit harter Hand wird der Gerechtigkeit Nachdruck verliehen. Böse Blicke fechten sie nicht an. Bewahre! Wäre ja noch schöner, wenn sie Stehplatz hätten, damit ein solcher Balg sich auf den faulen Hintern setzen kann!

Schon zehn Uhr? Die Schwester ist wieder einmal nicht pünktlich. Und nie um eine Ausrede verlegen. Ob sie das Zweifrankenstück einsteckt? Bis jetzt hat sie immer noch alles abgegeben, aber man kann ja nie wissen … Solche Unschuldsengel sind manchmal die Schlimmsten!

Frau Braun ist guter Dinge. Das ist sie meistens. Sie freut sich, daß der Schnee geschmolzen ist, daß die Forsythien bereits gelbe Spitzen zeigen, daß die Tage merklich länger werden, die Vögel durchdringend tschilpen.

Der Vorfrühling ist immer ihre liebste Jahreszeit. An einem solchen Tag verliebte sie sich zum ersten und einzigen Mal. Wie schön er war in seinem braunen Samtkittel mit dem beigen Hemd! Markttag war es, und sie trug ihr rosa Baumwollkleid mit dem Spitzenkragen. Sie hatte nicht gewußt, welche

Wonne es sein kann, einem Menschen zu gefallen. Richtig aufgeblüht war sie, wie eine Blume am Morgen, wenn die Sonnenstrahlen sie wärmen. Sie betrachtete in Schaufenstern ihre schmale Gestalt, das schimmernde Haar, spürte die Wärme seines Armes auf ihrer Schulter. O Seligkeit, siebzehn zu sein! Es folgten maiselige Tage in Wald und Feld, verschwiegene Treffen unterm Sternenhimmel... Die Liebe machte sie schön. Ihre helle Haut schimmerte wie von innen heraus, die Augen gewannen an Glanz. Wie blau der Himmel war in diesem Frühling, wie süß die Blumen dufteten, wie silbern die Bächlein sprudelten, wie verzauberte das Mondlicht ihr Dorf, die Straßen, die verschwiegenen Wege!

Sie planten zu heiraten. Sehr bald. Als sie zusammen das Brautkleid einkaufen wollten, wartete sie auf ihn, betrachtete die wolkengleichen Gebilde der weißen Gewänder. Das eine mit dem Taftband um die Mitte gefiel ihr am besten. Es war teuer, aber keines kam ihm gleich.

Die Uhr schlug drei Uhr. Um zwei hatten sie sich verabredet. War etwas geschehen? Es wurde ihr bange ums Herz wie nie zuvor. Sie wollte sich selbst auslachen, aber es wurde ein verzweifeltes Weinen daraus.

Sie wartete noch eine Stunde, dann ging sie heim.

Wieder war Markttag. Und dort ging er, den Arm um die Schulter eines Mädchens geschlungen. Eine dunkle Wolke schob sich über die grelle Sonne. Ihr Herz war eine einzige, schreiende Wunde. Vorbei, vorbei. Vorbei die Liebe, die Freude, die Jugend, das Leben!

In einer Kirche saß sie. Lange. Das Ewige Licht brannte, Sonnenstrahlen erhellten das Gewölbe, blauer Weihrauch drehte sich um sich selbst.

Sie sah ihn fortan nie mehr.

Frau Braun hat eine Einzimmerwohnung mit einem kleinen Balkon. Dort sitzt sie viele Stunden, betrachtet mit gütigen Augen das Kommen und Gehen. Am liebsten ist ihr das Geschrei der spielenden Kinder vom Spielplatz jenseits der Straße. Als sie noch besser zu Fuß war, saß sie oft dort auf einer Bank und nahm alles in sich auf. Viele schütteten ihr dort das Herz aus. Wieviel Leid es doch gibt, allein in dieser Stadt!

Bitterkeit gibt es nicht in ihrem Herzen; nur Friede und eine große, erwartungsvolle Freude. Es wird ein Tag kommen, da werden alle Fragen beantwortet, jedes Leid gestillt, alle Tränen getrocknet, der Tod aufgehoben, und ewige Freude wird über ihrem Haupte sein.

Großes Vergnügen bereiten ihr auch die Gespräche mit Schwester Ruth. Sie haben dieselbe «Wellenlänge».

Ihr hat sie einmal die Geschichte ihrer einzigen Liebe erzählt. «Es war doch schön, einmal so zu lieben», hat sie gesagt. Kein Alltag hat je den Zauber jenes Erlebens trüben oder abschwächen können. Ja, so kann man es auch sehen.

Und so freut sie sich weiter an allen Dingen, die ihr begegnen.

Wacht oder träumt sie? Draußen im Korridor geht ihr Mann, langsam Schritt vor Schritt, vorüber. Er wendet nicht den Kopf zum Schlafzimmer, wo sie mit hämmerndem Herzen liegt. Jetzt hört sie die Korridortüre auf- und zugehen. Er ist fort.

Das ist das dritte Mal in drei Monaten, daß sie ihren verstorbenen Mann mit offenen Augen gesehen hat. Einmal stand er an ihrem Bett, schaute sie nur an. Ein andermal sah sie ihn in einer Stichflamme, begleitet von einem scheußlichen Knall – und weg war er.

Sie hat es Schwester Ruth erzählt. Sie hat gemeint, die starken Medikamente könnten solche Halluzinationen hervorrufen, aber dessen ist sie nicht so sicher.

Gestern, als ihr die Schwester das Geld vom Einkauf auf die Serviette ausgeschüttet hatte und in die Küche gegangen war, um die Waren unterzubringen, da sah sie doch wahrhaftig eine Hand, die sich blitzschnell der Münzen bemächtigte. Als dann die Schwester zurückkam, war die Serviette leer. Natürlich konnte die Hand nur ihr gehört haben, aber als sie es Schwester Ruth sagte, schaute diese so merkwürdig, als zweifelte sie an ihrem Verstand.

Überhaupt kommt es ihr oft so vor, als nähme man sie nicht ernst. Dabei hat ihr der Arzt bestätigt, daß sie im «Oberstübchen» noch in bester Ordnung sei. Das wollte sie auch meinen, war sie doch viele Jahre erste Verkäuferin in einem der größten Warenhäuser der Stadt gewesen.

Ihren Mann lernte sie durch die Zeitung kennen. Da suchte einer ein blondes und blauäugiges Mädchen. Mit einer Freundin zusammen besichtigte sie den seltsamen Kauz und war von ihm angetan. Alles Weitere ergab sich von selbst.

Aber auch die Kinder, die sich dann einstellten, konnten ihre Erinnerung an Ernst nicht auslöschen, mit dem sie viele Jahre zusammengewesen war. Hätte er nicht getrunken, wären sie ein Paar geworden. Was sie am meisten kränkte, war, daß es seiner jungen Frau gelang, ihn vom Trinken abzubringen.

Nein, es gab nicht viel Gemeinsames zwischen ihr und ihrem Mann. Übers Wochenende stieg er auf die Berge. Sein Club bedeutete ihm alles. Die Kinder gingen früh ihre eigenen Wege. So blieb nur trostloser, armer Alltag.

Eine Leidenschaft aber hat sie: ihre Wäsche. Von bester Qualität, fein geglättet und brettchenbreit im Kasten aufgetürmt. Nichts Schöneres gibt es für sie, als sie zwischen die Finger zu nehmen, sie liebevoll glattzustreichen und fein säuberlich aufeinanderzuschichten.

Aber, was ist denn das?

Der Leintücher im Schrank werden immer weniger. Zwölf waren es, jetzt gibt es nur noch deren sieben. Sie grübelt lange. Es gibt nur einen Menschen, der nach dem Tod ihres Mannes die Wohnung betritt: Schwester Ruth. Unglaublich! Wie doch so ein Madonnengesicht täuschen kann! War da nicht die Hand gewesen, die die Münzen blitzschnell von der Serviette geklaut hatte? Oder die Butter, die plötzlich nicht mehr aufzufinden war, obwohl sie diese doch eigenhändig in den Kühlschrank gestellt hatte?

Frau Tobler fügt ihre Beobachtungen wie Steinchen aneinander. Tatsächlich – sie hat es mit einer hinterlistigen Diebin zu tun. Schlau fädelt sie alles ein, ist honigsüß: «Frau Tobler hin, Frau Tobler her!», dabei nutzt sie ihre Hilflosigkeit schamlos aus. Warum schließt sie zum Beispiel immer die Schlafzimmertür, wenn sie das Bett macht? Ein Blinder muß da einen Zusammenhang erkennen…

Frau Tobler legt schlau den Finger an die Nasenspitze. Sie wird die Schwester in flagranti ertappen, wie es so schön heißt. Sie muß sich etwas einfallen lassen. Eine ganze Nacht grübelt und erwägt sie, dann kommt ihr die Erleuchtung. Sie legt eines ihrer besten Leintücher zuoberst in eine Tragtasche voller Papierabfälle.

«Ach, Schwester, Sie sind sicher so freundlich und nehmen diesen Abfallsack mit nach unten, wenn Sie gehen?»

Ruth nimmt arglos die Tasche. Sie stutzt. «Aber – Frau Tobler, da ist ja ein gutes Leintuch drin, das wollen Sie nicht etwa fortwerfen, wo Sie doch immer klagen, es würden je länger, desto weniger?»

Die Falle ist nicht zugeschnappt. Sie muß sich etwas Besseres einfallen lassen.

Sie zählt gewissenhaft alle Mandarinen, die im Zweikilosack sind. Es fehlt keine.

Einmal läßt sie eine Schachtel Pralinen offen auf dem Küchentisch liegen. Es sind noch genau achtzehn Stück darin. Nachdem die Schwester ihr Nachtgeschirr geleert, das Bett frisch gemacht, einen Thermoskrug voller Tee bereitgestellt, die Pillen in die Fächer verteilt und das Geschirr abgewaschen hat, ist ihre Zeit um. Fröhlich verabschiedet sie sich.

Warte nur, du Heuchlerin!

Frau Tobler ist schneller in der Küche, als es ihre kranken Beine eigentlich erlaubten. Sie zählt. Kaum zu glauben, es sind immer noch achtzehn Stück. Ob die den Braten gerochen hat? Scheint so.

Aber jetzt kommt die Glanzidee: Das nächstemal wird sie zwei Zwanzigernoten ins Portemonnaie stecken und sagen: «Reichen zwanzig Franken?», dann wird sie bestimmt die zweite Note behalten.

Frau Tobler kichert: «Mit Speck fängt man Mäuse!»

Diesmal wird es klappen.

Schwester Ruth ist besonders fröhlich heute. Ihre Ferien in Sils sind in Sicht. Sie wird die Tage ganz bewußt genießen.

Sie badet Frau Toblers welken Körper sorgfältig, wäscht gleichzeitig das strähnige Haar. Sie trocknet und fönt und pudert und salbt, summt dabei ein Lied.

Warte nur, du falsche Schlange!

Dann ist Einkaufen an der Reihe. Frau Tobler hat die beiden Noten so zusammengefaltet, daß sie wie eine aussehen. Ein hartes Stück Arbeit für ihre gichtverkrümmten Finger.

Erwartungsvoll setzt sie sich ans Fenster.

Die macht aber lange heute, denkt sie bei sich.

Ah, dort taucht die Flügelhaube auf.

Schwester Ruth verstaut die Milch, den Quark, das Brot und die Eier. Dann bringt sie das Rückgeld und den Kassenbon.

«Sie haben aus Versehen zweimal zwanzig Franken eingepackt», sagt sie.

Frau Tobler ist ärgerlich. Die hat etwas gemerkt. Aber warte nur, dich erwische ich schon noch!

«Gesundheit ist die Hauptsache», meint Vater Fritz und reckt seine mageren Arme in die Höhe. Er schließt langsam die knotigen Fäuste, spannt dabei die Muskeln an und sagt dazu: «Ich bin gesund und stark!»

Die Übung muß zehnmal gemacht werden, sonst ist alles umsonst. Es folgen zehn Kniebeugen, fünfmal die Kerze, was nur an der Wand gelingt, und zum Schluß der Kopfstand. Das ist ein hartes Stück Arbeit, aber es durchblutet das Hirn wie nichts anderes.

Nachher gibt's Frühstück: Schrotkörner, Magermilch, einen geraffelten Apfel und einen Eßlöffel Honig. Vater Fritz lebt gesund bis ins kleinste.

Es folgt ein Marsch von drei Kilometern, locker die Arme, locker die Waden.

Viele sehen ihm nach: sportlich, sportlich der Herr!

Er vernimmt dies nicht ungern, tut natürlich, als höre er nichts.

Am lockersten bewegt er sich am Riedweg 3. Dort wohnt die Violinlehrerin, die mit ihrem Geigenkasten immer so auffallend langsam an seinem Fenster vorübergeht. Ein hübsches Mädchen ist sie, frisch und gesund. Wäre nicht das erste Mal, daß sich Jugend und Reife gepaart hätten. Man liest so was in den Klatschspalten.

Am Nachmittag steigt Fritz auf den Berg. Es gab

eine Zeit, da hüpfte er die steile Treppe auf einem Fuß hinauf. Ja, das waren noch Zeiten! Aber man soll ja nichts übertreiben. Es geht auch so. Daß sein «Blasebalg» nicht mehr so mittut, ist ganz normal. Man muß sich nur die Jungen ansehen, wie die pusten.

Vater Fritz ißt kein Fleisch. Er hält es für schädlich. Fisch ißt er und etwas Geflügel. Früchte und Salat und Gemüse. Gesundheit ist die Hauptsache!

Schwester Ruth kommt einmal in der Woche, seit er die Venenentzündung hatte.

Ein properes Weibchen, doch, doch. Aber er nimmt ihr übel, daß sie seine Lebensweise und die Gymnastik nicht genügend würdigt. «Übertun Sie sich nur nicht!» kann sie sagen. Ganz in Rage bringt ihn, wenn sie allen Ernstes behauptet, Gesundheit sei nicht die Hauptsache.

Gerade gestern hat sie ihn damit wieder geärgert.

«Was tun Sie denn für Ihren inneren Menschen?» hat sie gefragt.

Was denn?

«Ich bin gesund und stark!»

Fritz spannt seine Muskeln: eins, zwei, drei, vier... Und jetzt die Liegestütze, die Kerze!

Morgen wird er einen Anlauf nehmen und die «knackige» Geigenspielerin zu einer Tasse Kaffee einladen.

Dazu kommt es aber nicht, denn beim Kopfstand

ist ihm eine Ader geplatzt, und so sind alle seine Anstrengungen zur Fitneß umsonst gewesen.

Sie hat ein Geheimnis und eine Not. Beides verschließt sie in der Tiefe ihres Herzens. Die gleichbleibende Heiterkeit ihres regelmäßigen Gesichts verrät nichts von ihren inneren Kämpfen.

Da ist einmal ihr junger Bruder. Sie hat ihn sozusagen aufgezogen, denn die Mutter starb nach seiner Geburt an einer Embolie. Zwölf Jahre war sie damals, ein Schulmädchen. Das Brüderlein wuchs ihr schnell ans Herz, wie ein eigenes Kind. War sie überfordert? Nein, bestimmt nicht. Für alle Hausarbeiten war ja Meta da, die treue Magd. Das Lernen fiel ihr, Ruth, leicht, und etwas Schöneres als die Betreuung des hübschen und aufgeweckten Dino gab es für sie nicht.

Vielleicht kamen dadurch Freundschaften zu kurz? Sie vermißte nichts. Vielleicht, daß die frühe Verantwortlichkeit die Wahl ihres Berufes bestimmte.

Der kleine Bruder war rührend anhänglich. Nie schlief er ein, ohne daß sie sich an seine Seite legte. Sie erzählte ihm Geschichten, bis er einschlummerte.

Dino wuchs heran. Ein schöner, dunkelhaariger Junge, schlank und behende, ein begabter, aber fauler Schüler. Jeder Zwang war ihm zuwider. So gelang es ihm nicht, eine höhere Schule zu besuchen und eine Lehre zu absolvieren. Öfter begann er etwas und gab wieder auf. Immer hielt er einen in Spannung, nie hatte er Geld. Stets verstand er es aber, mit seinem hinreißenden Lächeln Verzeihen zu erwirken. Man konnte ihm nie lange böse sein. Mit siebzehn wurde er von der Straße weg für eine Filmrolle engagiert. Jetzt wollte er Schauspieler werden. Er besuchte die Schauspielschule, aber der Boß mißfiel ihm bald. «Nichts für mich!» urteilte er.

Um – aus finanzieller Sicht – nicht auf dem trockenen zu sitzen, fuhr er den Wagen der Müllabfuhr, doch langweilte ihn auch diese Beschäftigung bald.

Wieder kein Geld für die Bezahlung der Mietkosten seines kleinen Studios! Zu allen Tages- und Nachtzeiten kreuzte er bei seiner Schwester auf, beschwor sie, ihm doch ein «allerletztes» Mal aus der Patsche zu helfen. Sie weigerte sich, versuchte hart zu bleiben, um schließlich doch nachzugeben.

Zwei Jahre war er der Geliebte einer reifen, alleinstehenden Dame gewesen. Er wohnte in ihrem prächtigen Haus am See, hatte sich «nur» um ihre Hunde und den Rasen zu kümmern. Er langweilte sich, begann seine Brotgeberin zu hassen, hielt nur aus Vernunftsgründen lange aus. Später war sie es, die ihn feuerte: Er hatte den Rasen wuchern lassen; selbst diese Arbeit war ihm zuviel gewesen.

Ruth grübelt oft, was für Fehler sie in ihrer Unwissenheit begangen haben mochte. Konnte man zu sehr lieben? Hatte sie ihn zu wenig Verantwortung, Durchhaltewillen gelehrt? Hätte sie ihn «knapper» halten, ihm mehr Härte zeigen sollen? Oder hatte ihm neben der Mutter ganz einfach auch der Vater gefehlt, der stets auf Geschäftsreisen gewesen war?

Heute ist Ruth beunruhigt. Zum zweitenmal!

Kein Zweifel – erneut ist jemand während ihrer Abwesenheit in ihrer Wohnung gewesen. Das Türschloß ist unbeschädigt, die Fenster sind geschlossen. Wer ist so raffiniert, daß er eindringen kann, ohne das Schloß knacken zu müssen? Der Teppich ist «eine Spur» verschoben, zwei Bücher haben ihren Standort gewechselt, ein Leintuch guckt unter dem Bettüberwurf hervor.

Ein eisiger Schreck durchfährt Ruth: ihr Feriengeld! Es ist weg! Zweitausend Franken in großen Noten hatte sie im Bildband verwahrt. Nach dem ersten Einbruch war ihr die Nähschachtel nicht mehr sicher genug erschienen.

Wer konnte darauf kommen, wenn nicht Dino? Aber – er besitzt keinen Schlüssel. Sie hat ihm nie einen gegeben, obwohl er sie deswegen «mißtrauische, alte Schachtel» geschimpft hat. Ist er unter die Einbrecher gegangen? Bringt er es fertig, mit einem Draht ein Schloß – ihr Schloß – zu öffnen?

Ruth verzichtet auf eine Klage, obwohl der Verlust des Ersparten schmerzt.

Am Sonnabend vor einer Woche ist Dino gekommen. Sorglos, heiter, in weißes Leinen gekleidet – wie immer wie aus dem Ei gepellt.

Er habe einen Traumjob in Aussicht: Bodyguard, also Leibwächter. Das sei das einzig richtige für ihn. Die Schule daure drei Monate. Nachher könne man sich vor Angeboten kaum retten. Dino schaute schlau aus den Augenwinkeln. Ein Lächeln, das sie, Ruth, noch immer schwach gemacht hat. Ob sie bereit sei, die Sache, die Ausbildung, zu finanzieren? Nachher werde sie ein für allemal Ruhe vor ihm haben. Ja, dann könne er ihr alles Entliehene mit Zins und Zinseszinsen zurückerstatten.

Doch Ruth blieb hart. Nein, diesmal solle er selber schauen, wie er das Geld für diese Schule zusammenbringe. Sie verfüge nicht über einen großen Lohn, er reiche eben gerade aus.

Das war vor zwei Wochen, und nun ist das Feriengeld weg. Zweitausend Franken. Sie muß sehen, wie sie es wieder hereinbringt.

Ja, Dino ist ihre immer wiederkehrende Sorge. Sie liegt damit dem lieben Gott dauernd in den Ohren. Manchmal hat sie einen Berge versetzenden Glauben, dankt zum voraus für eine Wende im Wandel ihres leichtsinnigen Bruders, aber dann ist sie wieder verzagt. Wie jetzt, wo er – wer sonst? – zum gemeinen Dieb geworden ist. Daß man so tief sinken kann!

Als er wiederkommt, geht er tief gekränkt, im Zorn, von ihr. Als sie ihm die Sache mit dem Einbruch geschildert hat, hat er mit keiner Wimper gezuckt, ist äußerlich gänzlich unberührt geblieben.

Gerne möchte sie ihm glauben, daß er mit dieser Sache nichts zu tun hat…

Das Geheimnis ist ihre verschwiegene Liebe zu Luca. Es ist schön, davon zu träumen, daß er ebenso an sie denkt wie sie an ihn.

Er ist Vater zweier Kinder, Bergbauer. In seinem Haus hat sie wiederholt Ferien gemacht. Der Dachstock ist zu einer kleinen Wohnung ausgebaut worden. Welches reine Glück, dort am Fenster zu stehen, die würzige Luft der Kiefern einzuatmen und über die silbriggrüne Ebene des oberen Engadins zu schauen!

Jetzt, im April, werden die Berge noch Schnee tragen, aber die Ebene grünt und blüht.

Sie hat die Wohnung dank einem Inserat gefunden. Schon beim erstenmal war sie überzeugt, einen seltenen Fund gemacht zu haben.

Luca ist schweigsam, seine Mimik betont sparsam. Kaum, daß einmal ein verstohlenes Lächeln in seinen grauen Augen aufblitzt. Er muß Schweres erlebt haben, aber darüber sprechen mag er nicht. Die beiden Kinder wachsen ohne ihre Mutter auf. Mehrmals am Tag sind sie ihre, Ruths, Gäste. Sie bringt ihnen Spiele und Süßigkeiten aus der Stadt mit. Welches Glück, das Lachen und die Freude zu sehen, miterleben zu dürfen! Manchmal lädt Luca sie zu einem Abendessen ein. Es ist so gemütlich in der Arvenholzstube mit den geschnitzten Stühlen und dem Kachelofen.

Wie gerne möchte sie da bleiben, immer. Daß Luca sie mag, daß sie ihm gefällt, darüber kann kein Zweifel bestehen. So etwas spürt man.

Aber warum sagt er nie ein Wort? Muß sie den Anfang machen, ihm entgegenkommen?

In den Ferien trägt sie die Haube nicht. Ohne diese sieht sie aus wie ein junges Mädchen von fünfundzwanzig, obwohl sie schon zweiunddreißig Lenze zählt. Schön glänzt ihr dunkles Haar mit dem modernen Schnitt.

Sie gefällt ihm, gewiß. Wie soll sie es aber anstellen, seine Zurückhaltung zu durchbrechen? Sie muß doch einen Grund haben? Vielleicht glaubt er, eine Städterin dürfe man nicht verpflanzen? Dabei sollte er doch wissen, daß ihr nichts lieber wäre.

Wäre sie ein junges Ding, wie sie es heute sind, würde sie irgendeine verfängliche Situation herbeiführen, wo er nicht länger zu widerstehen vermöchte: schwarze Spitzen, spärliche Bekleidung.

Aber so etwas widerstrebt ihr. Entweder er will sie, mit Leib und Seele, oder dann eben nicht.

Sie denkt an die letzten Ferien: Schlecht, unruhig schläft sie droben in ihrer Stube. Mehrmals steht sie auf, schaut über die mondbeglänzte Märchenwelt hinweg zu den klar funkelnden Sternen: Lieber Gott, wenn es dir recht ist, so laß ihn bald mein werden!

Warum sollte es ihm denn nicht recht sein? Sie würde die Kinder lieben wie eine leibliche Mutter. Sie würde Luca eine zärtliche und treue Frau sein.

Drunten im Dörflein, im kleinen Laden, wo so ziemlich alles zu haben ist, kauft sie ein feines Nachtessen ein. Diesmal soll die Familie bei ihr zu Gast sein.

Die fröhliche, rotblonde Verkäuferin mit der tiefen Stimme und dem lauthalsen Lachen forscht sie aus: «Bei Padrutts wohnen Sie? Schön dort oben! Das ganze Jahr über besetzt. Leute aus Deutschland, Frankreich, Belgien. Wer einmal da war, kommt immer wieder, trotz der lebhaften Kinder. Sind Ihnen die nicht zu laut? Nun, wie Kinder eben sind, gelt? Nehmen Sie doch diesen Wein! Den trinkt Luca am liebsten!»

Luca? Ruth verscheucht ein plötzlich aufkommendes Unbehagen. In diesen Dörfern duzt sich doch alles, nennt sich beim Vornamen.

Myrtha heißt die Verkäuferin. Sie zeigt ihre üppige Brust und ihre strammen Beine.

Der Abend ist schön. Ruth hat Pilzschnittchen gebacken und dazu bunte Salatblätter garniert. Zum Kaffee gibt es Nußtorte.

Luca ist auch heute schweigsam, aber ihr scheint, ein besonderer Ausdruck liege in seinen Augen. Ihre Wangen werden heiß.

Später Feierabend. Als er ihr die Hand drückt und sich herzlich bedankt, möchte sie ihn festhalten. Er muß es spüren, denn er forscht offensichtlich in ihrem Gesicht. Aber er geht.

Sie muß abreisen, ohne Gewißheit zu haben.

Ein Stachel scheint seither in ihrem Herzen zu stecken. Innere Rebellion. Warum darf sie nicht endlich glücklich sein? Sie, die sich so für andere einsetzt: tröstend, wohltuend, pflegend und hegend?

Ihr seelisches Gleichgewicht bekommt Sprünge, Risse. Zweifel setzen ihr hart zu.

Aber wer weiß, im September, wenn die goldenen Herbsttage kommen, kann sich alles, alles wenden. Vielleicht sieht Weihnachten sie schon als glückliche Braut?

Sie beginnt vorsorglich zu stricken: einen Männerpullover mit breiten Schultern, hellgrau mit dunklen Noppen, wie Lucas Augen...

Das Pflegeheim ist hell und modern, liegt am Waldrand und bietet einen prächtigen Blick über See und Stadt.

In einem geräumigen Zimmer liegt Elsbeth, die Multiple-Sklerose-Kranke. Vier Jahre hat Schwester Ruth sie zu Hause gepflegt, dann ging es nicht mehr. So wohnt sie seit einiger Zeit hier, auf der Nordseite.

Wenn die Nachmittagssonne auf die Häuser der Stadt fällt, ist das Zimmer mit goldenem Widerschein erfüllt. Auf dem Fenstergesimse stehen Blumen und Grünpflanzen, bunte Bilder zieren die Wände. Ein Einzelzimmer ist sehr teuer hier, aber Edgar, der Gatte, knausert nicht. Seine Frau soll es schön haben, der arme «Tropf».

Elsbeth lächelt. Sie freut sich über Ruths Besuch. Die Tage hier sind ja so endlos lang. Seit ihre Augen nicht mehr so klar sind, vermag sie kaum mehr zu lesen. Auch die Hände sind schwach geworden. Vorbei die Zeiten, da sie sich zu Hause noch von Türgriff zu Türgriff hangeln konnte. Zu essen vermag sie nicht mehr selbst, da die Lähmung unaufhaltsam fortschreitet.

Ihr Gesicht ist schön, unversehrt. Faltenlos und hell die Haut, glaskugelblau die Augen unter dem schön gewellten Haar.

Elsbeth ist noch stiller als sonst.

Es tut Ruth weh, sie so zu sehen. Womit kann sie

ihr Mut machen, ein Lichtlein anzünden? Ihr Los ist so schwer, und ein Mittel gegen diese Krankheit ist noch nicht gefunden, nicht in Sicht.

Ruth rollt Elsbeths Stuhl in den Aufzug. Im Erdgeschoß ist eine Cafeteria. Dort wollen sie sitzen und plaudern.

Das Leiden überfiel Elsbeth nach der Geburt des ersten Kindes. In ihrer Ratlosigkeit hörte sie auf Freunde, die behaupteten, wenn sie ein zweites Kind hätte, könnte sie wieder gesund werden. Das Gegenteil war der Fall. Ihre Mutter zog zu ihr und half beim Aufziehen der Buben. Ihr Mann brachte in der ganzen Wohnung Haltegriffe an. So konnte sie sich, wenn auch mit Mühe, fortbewegen. Was ihr viel half, war die Liebe und Fürsorge ihres Mannes.

«Du wirst immer mein liebster Mensch bleiben, und ich werde dich nie verlassen», versprach er ihr mehrmals. Nun aber ist eine Änderung eingetreten. Ihr Mann hat auf einer Reise eine junge, ledige Frau kennengelernt und sich hoffnungslos in diese verliebt. «Du mußt verstehen», erklärte er Elsbeth, «daß ein Mann in meinem Alter noch nicht über ‹diese Dinge› hinweg ist. Ich habe es nicht gewollt, ich suchte es nicht, aber nun ist es passiert, und wir müssen das Beste daraus machen. Eines darfst du wissen: ich werde mich nie scheiden lassen. Du wirst immer meine Frau bleiben.»

Elsbeth sitzt da, den Kopf gesenkt – ein völlig gebrochener Mensch. Warum muß gerade sie soviel Unglück treffen? Womit hat sie das verdient? Die alte, immer neue Frage.

Ruth ringt nach einer Antwort. Das Herz tut ihr weh dabei.

«Es gibt auch in meinem Leben Dinge, die ich nicht verstehe, die mich schmerzen. Aber ich bin darum bemüht, nicht mehr nach dem Warum zu fragen, sondern nach dem Wozu.»

Worte, leere Worte! Elsbeth könnte jetzt nur eines helfen: Die Versicherung ihres Mannes, daß sie wieder seine einzige Liebe ist. Darauf kann sie lange warten. Höchstens, daß die Freundin sich nicht auf die Länge damit zufriedengibt, Geliebte zu bleiben, daß sie einen findet, der sie heiratet.

Das Erniedrigendste an der ganzen Situation sind die Wochenenden zu Hause. Sie muß im Kinderzimmer schlafen, und im Ehebett liegt die Freundin!

Es wird ihr das Herz brechen, über kurz oder lang. Ein stummes Schluchzen schüttelt die zarte Gestalt. «Es wäre auch das Beste für mich», würgt sie hervor.

Die Freundin ist Krankenschwester. Sie läßt es sich nicht nehmen, Elsbeth bei dieser Gelegenheit zu umsorgen, sie zu füttern, sauberzumachen und ihr Haar zu waschen.

Stumm, mit zusammengebissenen Zähnen läßt sie es über sich ergehen.

Ist es der Kummer, der ihren Zustand so rapide verschlechtert? Merkwürdige Magenkrämpfe und Durchfall quälen sie. Eigentlich ganz untypisch für das Krankheitsbild.

Drei Monate später ist Elsbeth tot. Ruth hat sie noch zweimal gesehen. Seltsam heiter kam sie ihr beim letzten Mal vor.

«Nun habe ich es bald hinter mir. Wie sagten Sie letzthin vom ‹andern Ufer›, da kein Schmerz und keine Tränen mehr sein werden? Glauben Sie wirklich, daß wir einen neuen und fehlerlosen Körper haben werden? Wie die Raupe, aus der der Schmetterling in Schönheit ausschlüpft? O bitte, sagen Sie mir nochmals das Lied, das vom Daheimsein.»

Und Ruth singt: «Daheim ist's gut.

Da soll der Pilger rasten,

der sich mit Not und Sorge müde rang.

Da legt er nach des Lebens schwerem Gang

beim Vater ab die lang getragnen Lasten.

Am treuen Vaterherzen

vergißt das Kind die ausgestandne Not,

freut sich des Heils im lichten Morgenrot

der Ewigkeit nach ausgestandnen Schmerzen.»

Schon wieder ist die Wohnungstüre offen!

Ruth hat vorzeitig Feierabend. Eine Patientin mußte ins Spital eingeliefert werden. So kommt sie früher als sonst heim.

Sie bleibt wie angewurzelt auf der Türschwelle stehen. Der Lärm von der Straße hat das Geräusch ihres Eintretens verschluckt.

Ein junger Mann, dünn, blaß und ausgefranst, steht vor ihrem Glasschrank und untersucht gerade den Inhalt einer Vase.

Soll sie sich leise hinausschleichen und bei Nachbarn die Polizei verständigen?

Vor zehn Tagen ist eine Frau, die sich zu wehren versuchte, mit dem Revolver angeschossen und schwer verletzt worden. Es ist noch ungewiß, ob sie mit dem Leben davonkommt.

Das einzig Vernünftige wäre, sich lautlos hinauszuschleichen und in Sicherheit zu bringen.

Warum tut sie es nicht?

Eine kleine Geschichte aus der Kinderstunde von damals kommt ihr blitzartig in den Sinn: Da kniet ein altes Jüngferchen an ihrem Bett im abgelegenen Haus, um ihr Abendgebet zu verrichten. Dabei sieht es ein Paar schmutzige Stiefel unter dem Bett. Das ist sicher der Raubmörder, von dem die Rede geht.

Das Frauchen steht auf und ruft: «Sie sind bestimmt hungrig. Kommen Sie nur, ich mache uns etwas zu essen!»

Beschämt kriecht der Böse aus seinem Versteck und läßt sich von dem Jüngferchen bedienen. Es stellt ihm das Beste auf, das es im Schrank hat.

Zuletzt erzählt der Verbrecher unter Tränen seine

leidvolle Vergangenheit. Die Güte dieser Frau bringt ihn auf den rechten Weg zurück. Ihr ist kein Haar gekrümmt worden, wohl aber hat sie einem Verlorenen den Heimweg gezeigt.

«Sie haben sicher Hunger?» hört sich Ruth fragen.

Wie von der Viper gebissen, taumelt der junge Mann herum, schaut sie aus tödlich erschrockenen Augen an.

«Ich koche uns gleich etwas Gutes», sagt Ruth. «Keine Angst, ich tue Ihnen nichts!»

Sie geht ruhig zur Küche, öffnet den Kühlschrank, nimmt Milch, Butter, Eier und Käse heraus.

Sie wird ihn fragen, wie er auf die schiefe Bahn geraten ist. Vielleicht hat er niemanden, hat niemals Liebe erfahren, hatte kein Glück mit der Ausbildung, keine Stelle, kein Geld. Wieso sollte er sonst die Gefahren eines Einbruchs auf sich nehmen?

Sie lauscht zum Wohnzimmer hin. Kein Laut.

Sie geht nachschauen. Das Fenster ist offen. Die Wohnung liegt im ersten Stock.

Hoffentlich hat er sich nicht das Bein gebrochen.

Ruth beugt sich hinaus. Keine Spur, niemand zu sehen.

Jetzt schlottern ihr doch die Knie. Er ist vielleicht bewaffnet gewesen, womöglich derselbe, der jene Frau niedergeschossen hat. Aber – ihr ist kein Haar gekrümmt worden.

Sie lächelt fröhlich.

Schade, daß sie keine Gelegenheit hatte, ihm zurechtzuhelfen. So hat ihr Mut nicht viel genützt. Aber sie irrt sich. Spätabends läutet das Telefon.

«Ich möchte Ihnen danken», sagt eine heisere, undeutliche Stimme. «Sie hätten mich verpfeifen können und haben es nicht getan. Sie wollten mir sogar zu essen geben. Warum?»

«Oh, ich hatte Erbarmen mit Ihnen. Sicher tun Sie das nur aus purer Not. Haben Sie sich schon beim Fürsorgeamt gemeldet? Die werden Ihnen sicher weiterhelfen und Ihnen auch Arbeit verschaffen.»

«Das geht nicht», sagte die Stimme. «Ich werde gesucht. – Nein, ich bin nicht der mit dem Revolver, ich bin ausgerissen. – Ich danke Ihnen. Das war groß. Leben Sie wohl!»

Klick, das Gespräch ist unterbrochen...

Am liebsten verweilt Ruth bei der herzkranken Bettina.

Diese wohnt ganz allein. Schon im Flur umfängt einen eine gute Atmosphäre. Die Frau strahlt Güte und Liebe aus. Von ihrer Krankheit will sie nichts wissen. Nicht so wichtig!

Für sich selbst würde sie kaum kochen. So lädt sie reihum ihre Nachbarn dazu ein, mitzuhalten.

Mitunter treibt ihre Mitmenschlichkeit seltsame Blüten. So, wenn sie zum Beispiel armen Künstlern

Bilder abkauft, die sonst niemand haben will. In ihrer Mansarde stapeln sich die Kunstwerke. Hauptsache, sie hat dem einen oder andern das Gefühl gegeben, begabt zu sein. Als Käuferin schreibt sie sich mit den seltsamsten Namen ein, zum Beispiel: Kunigunde von Lippert oder Magdalena Wende. Namen, die sie in irgendeiner Zeitung gelesen hat. Die Adressen sind meist unleserlich, und wenn der Künstler sich erfreut nach der Käuferin erkundigt, bekommt er meist zur Antwort: «Oh, so eine Halbverrückte mit rotem Mantel und schwarzer Brille.»

Bettina hat keine Zeit, krank zu sein oder sich zu schonen. Das «dumme» Herz – solange es schlägt, will sie die Menschen erfreuen.

Sie setzt sich ins Bahnhofbuffet und frühstückt. Wenn sie da so einen halbverhungerten, jungen Mann sitzen sieht, wie es sie mehr und mehr gibt, holt sie Kaffee und Gebäck, plaziert es auf seinem Tisch und sagt: «Guten Appetit!» So hat sie schon manchen zur Überzeugung gebracht, daß die Zeit der Wunder noch nicht vorüber ist.

Die Musikanten an der Bahnhofstraße – es gibt deren mehr und mehr – beglückt sie ohne Ausnahme mit einem rechten Geldstück. Es macht sie glücklich, ihre Freude und Überraschung miterleben zu dürfen.

Gegen Leid und Roheit ist sie sehr empfindlich. Schleift eine Mutter ihr schreiendes Kind am Arm, «stellt» sie diese unverzüglich: «Warum weint das Kind?»

Böse Antworten muß sie sich allenthalben gefallen lassen: «Das ist meine Sache, mischen Sie sich gefälligst nicht ein!»

«Aber das Weinen hat doch einen Grund? Sehen Sie, Sie tun dem Kind ja weh!»

Böse Blicke, giftige Worte.

«Armes Kind!» ruft Bettina, «eine solche Megäre zur Mutter zu haben!»

Die Leute bleiben stehen, die «Megäre» möchte im Boden versinken. Sie bleibt stehen, wischt ihrem Kind die Tränen ab, nimmt es auf den Arm.

Aha! Das hat gefruchtet. Hoffentlich denkt sie darüber nach! Wenn das arme «Wurm» nur nicht daheim die ausgestandene Schande entgelten muß! Bettina darf nicht daran denken.

Hört sie ein Kind in der Nacht anhaltend weinen, argwöhnt sie, die Eltern hätten es allein gelassen. Sie drückt auf die Wohnungsklingel, und wenn die verärgerten Erzeuger sich die Ruhestörung verbitten, gibt sie Ratschläge, wie man Kinder beruhigen kann: mit Honigmilch oder Orangenblütentee.

Einmal mußte sie mitansehen, wie eine aufgebrachte Italienerin ihrem Kind den Regenschirm auf den Kopf hämmerte. Erbost rannte Bettina hinzu, ließ ihren Regenschirm auf das Haupt der Frau niedersausen und schrie: «Damit Sie sehen, wie's tut!»

Die Frau war zunächst sprachlos. Dann gab sie zurück: «Das ist mein Kind!»

«Kaum zu glauben, das arme mißhandelte Geschöpf!»

Die Mutter geriet darob in Wut, wollte handgreiflich werden, aber Bettina sagte: «Noch ein Wort, und ich verklage Sie wegen Kindsmißhandlung!»

Das reichte. Schleunigst flüchtete die angegriffene Frau.

Bettina liebt alles, was leidet, was schwach oder wehrlos ist. Dabei vergißt sie ihr eigenes Gebrechen.

Heute wird sie ihre «Knusperhexe» backen, einen köstlichen Keks mit Schokoladekrumen. Eine Nachbarin hat Geburtstag. Das muß schließlich gefeiert werden.

Schwester Ruth sitzt im Speisewagen und guckt aus dem Fenster. Richtig hübsch sieht sie aus in ihrem neuen Kostüm aus altrosa Leinen, mit feinabgetönter Bluse und den hochhackigen Schuhen. Ihre Augen schimmern, ihr Haar glänzt wie Seide.

Viele Blicke bleiben an ihr haften.

Es tut ihr gut, zu gefallen.

So gefällt sie gewiß auch Luca. Seinetwegen hat sie sich in Kosten gestürzt. Jetzt ist der Tag der Entscheidung. Länger will sie nicht mehr hangen und bangen. Sie ist zweiunddreißig. Wenn sie noch Kinder haben will, ist es höchste Zeit.

Ein Mann mit Brille setzt sich gegenüber. «Ist hier noch frei?»

Dampfender Kaffee wird eingeschenkt. Der Kellner bringt knusprige Hörnchen. Butter und Marmelade stehen schon auf dem Tischchen. Frühstück im Speisewagen – immer ein besonderer Genuß.

Herzhaft gräbt Ruth ihre gesunden Zähne ins duftende Gebäck, trinkt dazu Kaffee in kleinen Schlucken, guckt auf die silberne Fläche des Sees.

«Schon so früh unterwegs?» beginnt ihr Gegenüber ein Gespräch. «Ferien vielleicht? Richtig geraten?»

Ach, immer diese Zudringlichkeit! Ruth wäre es lieber, sie brauchte jetzt keine Konversation zu machen. Es steht ihr ja so Spannendes bevor. An Luca will sie denken und an sein Gesicht, wenn sie so modisch aufgemacht vor ihm erscheint. Sein schmales Lächeln – sie sieht es geradezu. Immer verhalten, als dürfte es sich nicht hervorwagen. Hat sie ihn überhaupt je richtig lachen gesehen? Nein, tatsächlich nicht. Sie wird ihn das Lachen schon lehren. Was immer sein Leben verdüstert haben mag – jede Wunde heilt eines Tages.

«Was bedeutet Ihr Kreuz, das Sie da tragen?» fragt der neugierige Herr mit den stecknadelkleinen Pupillen hinter den dicken Gläsern.

Kann man wirklich nicht ein einziges Mal ganz für sich sein, sich selbst hingegeben?

«Es bedeutet, daß ich zu einer Schwesternschaft gehöre», sagt sie höflich und läßt sich die Kaffeetasse neu auffüllen.

«Diakonisse?»

«Freie Schwester», erklärt Ruth.

«Darf ich fragen, was da zu Ihren Aufgaben gehört?»

Nein, eigentlich darf er nicht fragen, sie möchte ja in diesem Augenblick nicht schwatzen. Doch: man soll ja nicht unhöflich sein.

«Ich betreue vor allem betagte Menschen in einer Kirchgemeinde. Manchmal ruft man mich auch zu Müttern, die gerade aus dem Spital kommen, aber dafür gibt es jetzt angelernte Hilfskräfte. Meine Patienten sind meist alte Menschen.»

«Ist das nicht recht bedrückend für ein so junges Mädchen wie Sie?»

«Oh, so jung bin ich auch nicht mehr. Bedrückend ist es nur da, wo die Menschen vergessen, in Würde alt zu werden.»

«In Würde? Was meinen Sie damit?»

«Nun, alt werden will eben schon jung geübt sein.»

«Wie denn?» erkundigt er sich und rückt seine Brille zurecht.

«Mit Liebe, Friede, Freundlichkeit, Sanftmut und Geduld. Wo diese Eigenschaften vorhanden sind, ist es schön. Ich habe da ganz köstliche Exemplare.»

«Und die anderen?»

«Oh, die gibt es leider oft genug: Unzufriedene, Zänkische, Mißtrauische, lächerlich Eitle.»

«Gräßlich, nicht?»

«Nun, ich fühle eher Mitleid mit ihnen, versuche, etwas zu helfen.»

«Sind sie noch belehrbar, diese Greise und Greisinnen?»

«Oh, sagen Sie das nicht! Ich durfte oft erleben, wie gerade das Leiden sie zurechtbringt, umgestaltet.»

«Das ist ja ermutigend. Aber das Gegenteil ist doch meistens der Fall: Uneinsichtigkeit, Unversöhnlichkeit – schrecklich! Als Kind dachte ich immer, Alter und Weisheit gehörten zusammen, aber nach meinen Erfahrungen sind wirkliche Größe und Reife selten.»

Ruth beißt krachend in ihr drittes Hörnchen.

Das Thema ist nun wohl genug erörtert, aber ihr Gegenüber bleibt hartnäckig: «Ich spreche von meinem Vater. Er ist achtzig und sehr ‹mühsam›. Er kann und will nicht alt werden, kleidet sich wie ein ‹Stutzer›, guckt jedem Mädchen nach, brüstet sich mit seinen amourösen Abenteuern – mit denen er meine Mutter tödlich gekränkt hat. Wenn ihm ein Mißgeschick passiert, sind immer die anderen schuld. Weil er nicht mehr gut hört, beschuldigt er uns fortwährend, wir redeten zu leise. Er gibt keine

Vergeßlichkeit zu. Es ist ein Jammer mit ihm – schließlich war er doch einmal ein wirklicher Mann: tüchtig, klug, kräftig und gerecht. Wie würden Sie einem solchen ‹Hagestolz› begegnen?»

«Warum wundert es Sie, daß er so geworden ist? Er hat doch nur dieses eine Leben, und daran klammert er sich verzweifelt. Alles, was gut und schön war, liegt hinter ihm. Vor sich hat er nur das langsame Verlöschen, das Grab, die Eiseskälte.»

«Aber – das ist ja grauenhaft! Womit kann man denn einem solch Bedauernswerten helfen, ihm Zuversicht geben? Jedes Wort wäre doch nur eine hohle Phrase, eine Heuchelei. Was sagen denn Sie Ihren Pfleglingen, wenn ihnen ihre ganze Katastrophe zum Bewußtsein kommt? Haben Sie da Worte?»

«Ja, die hab' ich, aber die meisten weisen sie weit von sich. ‹Noch nicht, noch nicht›, ist ihre Antwort: ‹Dazu ist es immer noch früh genug, wenn es dann soweit ist mit mir›, aber zu jenem Zeitpunkt ist es meist zu spät. Dann ist die Fähigkeit, etwas aufzunehmen, nicht mehr vorhanden, oder die Schmerzen sind so groß, daß man sie mit starken Mitteln dämpfen muß. Der Mensch ist dann im allgemeinen nicht mehr ansprechbar.»

«Grauenhaft! Wie halten Sie das nur aus? Ist dieses Menschsein nicht ein Fluch, ein Wahnsinn?»

Die Berge werden höher, der Herbsthimmel tiefer. Golden stehen die Bäume in ihrem vergilbten Blätterkleid. Auf den Telefondrähten längs der Bahnlinie sitzen die Zugvögel versammelt. Bald werden sie ziehen.

«Sagen Sie mir, was Sie den Menschen erzählen, wenn sie verzweifelt sind», bittet der Herr mit der Brille.

«Ich sage ihnen – und das ist kein billiger Trost, sondern meine feste Überzeugung –, daß dieses Leben nur eine Brücke darstellt, in gewissem Sinne eine Vorstufe. Das Wesentliche kommt nachher, danach. Wenn man eine Reise tut, bereitet man sich darauf vor. Man muß das Ziel vor Augen haben und sich darauf einrichten, dieses Ziel zu erreichen.»

«Und wie geht das?» Der hagere Mann nimmt die Brille ab und blinzelt mit den Augen des Kurzsichtigen.

Ruth wundert sich über sein großes Interesse, und ihr fällt flüchtig ein, daß sie mit Luca noch nie über das Woher oder Wohin des Lebens gesprochen hat. Haben sie beide überhaupt eine Übereinstimmung auf irgendeinem Gebiet? Sie weiß es nicht. Es genügt ihr, daß es ihn gibt, so stark und warm, so geheimnisvoll und doch seltsam vertraut. So ist Liebe eben.

«Wie das geht? Ich will Ihnen ein einfaches Beispiel nennen, mein Herr: Ein verschuldeter Kleinbauer erhält einen Luftpostbrief aus Kanada. Es ist die Ankündigung einer großen Erbschaft, die er als einziger Überlebender der Sippe antreten darf. Da das Kuvert aber zuwenig frankiert ist und das Bäuerlein kein Strafporto zahlen will, geht der Brief ungeöffnet zurück: Annahme verweigert! – So ist es mit uns. Wir brauchen die ‹Erbschaft› nur anzunehmen. Alles andere ist schon für uns getan. Wir ‹erben› ewiges Leben: Friede, Freude! Friede mit Gott – eine gewaltige Erbschaft. Undenkbar, sie zurückzuweisen. Und doch ist es öfter der Fall.»

Der fremde Mann steht auf, deutet eine Verbeugung an. «Mein Fräulein – wie darf ich Sie nennen? Fräulein Ruth? Sie hat mir der Himmel gesandt! Natürlich wußte ich das alles schon immer, aber hier in diesen Schädel wollte es nicht. Sagen Sie mir, wie bringe ich diese gute Nachricht meinem alten Herrn Vater bei?»

«Hier!» Ruth hat für solche Fälle vorgesorgt. Sie zieht ein Buch aus der Tasche. Es heißt: Die Gute Nachricht.

Der Zug gewinnt an Höhe. Immer wieder taucht er in Tunnels. Wildbäche stürzen in tiefe Tobel.

Noch eine Stunde, dann ist sie am Ziel.

Das Gespräch mit dem Fremden – er hat sich als Klaus Weder vorgestellt – hat sie von ihren Träumen abgelenkt. Lucas Gesicht verschwimmt wie hinter einem Nebelschleier. Sie sucht und findet es nicht.

Der Mann gegenüber blättert in «ihrem» Buch. Er

hat nicht gesagt, daß er schon längst hätte aus- und umsteigen müssen. Sein Ziel war Innsbruck. Statt dessen fährt er bis ins Engadin. Nur, um mit ihr sprechen zu können. Sie ist ihm gleich beim Einsteigen aufgefallen. Ein graziles Geschöpf mit weit offenen Rehaugen, wie auf den Bildern italienischer Meister. Und mehr: Sie besitzt das, was seine Mutter hatte: einen lebendigen und echten Glauben! Das hat er bisher noch bei keiner gefunden. Wahrhaftig, diese Begegnung ist mehr als ein Zufall.

Lärchen stehen wie feurige Fackeln im satten Grün des Nadelwaldes.

Ruth zieht die Luft genießerisch durch die Nase ein: Voralpenluft. Wie sie die liebt!

Klaus Weder klappt das Buch zu, steckt es in die Tasche, zückt sein Notizbuch, bittet Schwester Ruth höflich um ihre Adresse, damit er es zurücksenden kann.

«Nein, nein, gewiß nicht! Behalten Sie es oder geben Sie's weiter! Ich habe noch mehr davon.» Sie will vermeiden, ihm mitzuteilen, wo sie wohnt.

Warum sagt sie ihm ihre Adresse nicht? Nun, er weiß, daß er nicht gerade ein schöner Mann ist. Über die erste Jugend ist er auch bereits hinaus, aber... Er kann sie nicht gehen lassen – diese Begegnung ist eine Fügung, dessen ist er gewiß.

Wenn er daran denkt, mit welchem Überdruß er in diesen Wagen gestiegen ist, wie ihn Ekel und

Sinnlosigkeit des Lebens gewürgt haben. Seit langem quälen ihn die Aussichtslosigkeit der Weltprobleme, Kriege, die Dürrekatastrophen, der Hunger, die Seuchen, steigende Arbeitslosigkeit, die Verarmung ganzer Kontinente, der Absturz der Moral. Dann auch die schleichenden Sorgen in seiner Firma: zuwenig Aufträge, leere Kassen.

Er verspürt eine große Sehnsucht nach einer heilen, besseren Welt, wo es weder Hunger noch Krieg noch Krankheit gibt, wo Tränen getrocknet werden.

Jetzt hat er dieses taufrische Wesen mit dem arglosen Gesicht getroffen, völlig frei von Koketterie oder Gefallsucht. Es hat ihm gewaltige Dimensionen eröffnet, Hoffnung für Hoffnungslose, Zukunft für eine verlorene Welt.

Was steht hier in ihrem Buch: «Siehe, die Stätte Gottes bei den Menschen! Und er wird bei ihnen wohnen, und sie werden sein Volk sein, und Gott selbst wird bei ihnen sein. Und Gott wird abwischen alle Tränen von ihren Augen, und der Tod wird nicht mehr sein, noch Leid noch Geschrei noch Schmerz wird mehr sein, denn das Alte ist vergangen. Und der auf dem Thron saß, sprach: ‹Siehe, ich mache alles neu!›»

«Ich muß Sie wiedersehen! Hier meine Karte! Rufen Sie mich an, sobald Sie aus den Ferien zurück sind! Ich kann es gar nicht erwarten, die gute Botschaft meinem Vater bringen zu dürfen. Wenn ich denke, mit welchen ‹Abfällen› er bis jetzt sein Leben gefristet hat, seichtem Schein-Leben ab Bildschirm! Ich werde ihm frisches Brot und Quellwasser bringen können. Ich danke Ihnen von Herzen! Ich steige jetzt aus. Auf Wiedersehen, Schwester Ruth!» Er lächelt jungenhaft, ist ganz verändert. Fast wie ein Kind, das nach bangem Suchen seine verloren geglaubte Mutter wiedergefunden hat.

Ruth schaut fröhlich aus dem Fenster. Noch zwei Haltestellen, dann ist sie da. Eine Frau setzt sich zu ihr. Es ist die Köchin des großen Hotels.

«Das ist schön, daß Sie wieder zu uns kommen», beginnt sie erfreut zu plaudern. «Ich dachte schon, daß Luca nicht mehr vermietet, jetzt, wo er doch bald heiratet.»

«Er heiratet?» Ruths Stimme ist tonlos.

«Ach, das wußten Sie nicht? Die sind doch schon jahrelang ein Paar, Myrtha, die vom Laden, und er. Ja, wenn es ihnen nicht ‹ins Gärtchen geschneit› hätte, würden sie wohl noch lange nicht geheiratet haben, aber jetzt eilt es. Sie ist schon recht rund.»

Ruth weiß nicht, wie sie in ihre kleine Ferienwohnung gelangt ist. Sie legt sich gleich ins Bett. Ihre Füße sind eiskalt, ihr Herz ein einziger Schmerz.

Was jetzt? Sie versucht verzweifelt zu schlafen, zu vergessen. Es gelingt nicht.

Wie lange hat sie mit dieser Neigung verbracht! Ihre Wünsche und Gefühle und Hoffnungen hat sie in ihn projiziert, überzeugt, daß Luca sie wiederliebe. Sie Närrin! Hätte er nur im geringsten an sie gedacht, wäre es längst zu einer Aussprache gekommen. Naives Ding, zu warten und zu hoffen! Wie muß er sich heimlich über sie amüsiert haben. Sein verstohlenes Lächeln war keineswegs Zuneigung, sondern Triumph und mitleidiger Spott.

Ruth hämmert sich an die Stirn. Während du dich in den Nächten vor Sehnsucht verzehrtest, lag er glücklich in Myrthas Armen.

Es klopft.

Sie erstarrt. Keiner darf sie so sehen.

Es sind die Kinder. Sie freuen sich, daß Ruth wieder da ist. Unbefangen erzählen sie von dem bevorstehenden Fest und daß sie bald ein Schwesterchen bekommen werden.

Wie hat sie sich nur einbilden können, daß diese Kinder in ihr die zukünftige Mutter sehen? Myrtha wird sicher gut zu ihnen sein – auf ihre laute und herzhafte Art.

Nein, sie kommt nicht hinunter, hat keinen Hunger.

Niemanden will sie sehen, Luca schon gar nicht.

Und – o Trauer – auch diese herrliche Ferieninsel ist ihr genommen. Nie mehr wird sie hierherkommen können.

An Leib und Seele zerschlagen verbringt sie eine schlaflose Nacht.

Sie zürnt Gott, der sie so lange in diesem törichten Irrtum hat verharren lassen. Kostbare Zeit hat sie dieser unseligen Neigung wegen vergeudet. Gute Heiratschancen hat sie verpaßt, ernsthafte Freier abgewiesen. Immer nur Luca, der nie im Ernst an sie gedacht hat.

«Warum hast du mir das angetan?» schreit ihr Herz.

«Du hast es nicht anders gewollt. War es nicht doch schön? Liebe ist wertvoll, auch wenn sie unerwidert bleibt.»

«Aber nicht, wenn es eine Selbsttäuschung ist, ein bloßer Wahn. Wie sollte so etwas gut sein?»

«Hat es dir nicht Schwung und Elan gegeben bei deiner oft mühsamen Arbeit?»

«Nein, es war Selbstbetrug. Nie werde ich mir das verzeihen, nie darüber hinwegkommen.»

«Sehr wohl wirst du darüber hinwegkommen. Du hast nichts versäumt. Eines Tages wirst du sogar danken für diese scheinbare Niederlage.»

«Danken? Das glaube ich nicht. Nein, niemals!»

Vernichtet steht Ruth auf. Blaß, mit Augenringen blickt ihr Gesicht aus dem Spiegel.

Jetzt nur niemandem begegnen müssen. Am liebsten führe sie unverzüglich heim.

Ihre Verzweiflung wandelt sich in stille Wut, vor allem auf sich selbst. Lächerliches Ding, jahrelang einer heimlichen Liebe nachzuträumen!

Ihr Weg führt durch den Wald. Licht und Schatten wechseln, Duft und Sonnenglast umgeben sie, besonnte Weiden und silbrige Firne winken.

Wo bleibt das Entzücken über diese herrliche Bergwelt? Kein Echo. Tot und kalt ist ihr Inneres, wie ein Turm, in dem nur eine Glocke schwingt, schwer und eisern.

Und die Zuversicht des Glaubens? War die auch nur ein Irrtum, nur solange lebendig, wie es ihr gut ging? Was sie ihren Pfleglingen erzählt und bezeugt hat, war es Lüge, billiger Trost?

Verzweiflung überfällt sie von neuem. Muß alles zugrunde gehen, was sie hatte? Hilfe! Ist denn niemand da?

Menschenleer liegt der Weg vor ihr. Ihr graut auch vor dem Gedanken, heimzufahren, in dumpfen Stuben Schüsseln zu leeren, faltige Haut zu salben, in welkes Fleisch einzustechen, Kotiges abzuwaschen, verschwitzte Bettücher zu straffen, Pillen einzuordnen, in trübe Augen zu schauen.

Wie soll sie in diesem Zustand den armen Geschöpfen Trost und Aufmunterung bringen, wo sie selbst so leer und ausgebrannt ist? Hat sie je solche Mutlosigkeit gefühlt? So ähnlich muß ihren Alten zumute sein, die alles hinter sich haben und vor sich nur noch Schmerzen, Krankheit und Tod.

Ihr Fuß stockt. Ob sie diese Not durchmachen muß, um sich besser einfühlen zu können? Wirkliche Verzweiflung hat sie bisher nie am eigenen Leibe verspürt.

Ihre Bank, auf halber Höhe des Bergwaldes, ist besetzt. Ob sie weitergehen oder umkehren soll?

Sie muß vermeiden, Luca zu sehen, bevor sie sich wieder in der Gewalt hat. Sein Spott wäre das letzte, was sie ertragen könnte. Sie will ihm gratulieren, mit einem unbefangenen Lächeln. Heute würde es ihr noch nicht gelingen.

Die Frau auf der Bank rückt erfreut zur Seite. Sie arbeitet im kleinen Kiosk. Ein Entrinnen ist nicht möglich.

«Schwester Ruth! Wie schön, daß Sie wieder da sind! Etwas blaß sehen Sie aus, aber das wird sich in unserer guten Luft bald ändern.»

Keine Antwort.

«Was sagen denn Sie zu den Neuigkeiten im Dorf? Ich hoffe nur, daß Luca weiterhin vermietet.»

«Neuigkeiten?»

«Nun, die Hochzeit von Luca und Myrtha.»

Nur zu, den Dolch mitten ins Herz!

«Den Kindern ist's ja zu gönnen, daß sie endlich wieder eine Mutter bekommen. Hoffentlich geht's diesmal besser.»

«Warum sollte es nicht gut gehen?» Ihre Zunge klebt am Gaumen.

«Ja, wissen Sie denn nicht, was mit Maria war, der ersten Frau?»

«Nein, bis jetzt nicht.»

«Oh, wir liebten sie alle. Sie war vom Dorf und so schön. Fröhlich war sie auch, aber nicht lange. Gleich nach der Geburt des zweiten Kindes veränderte sie sich, wurde fahrig und nervös. Bald konnte sie ihren Haushalt nicht mehr versorgen. Eine schwere Gemütsverstimmung. Man brachte sie in eine Klinik, aber dort blieb sie nicht lange. Sie riß aus, und als man sie fand, war sie tot.»

Ruths Herz klopft. Über die Mutter von Lucas Kindern hat sie sich nie viele Gedanken gemacht. Luca hat ihr nur erzählt, sie sei nach Lorenz' Geburt gestorben. Ruth hat an Kindbettfieber oder Embolie gedacht. Es ist also ein Freitod gewesen. Wie muß Luca gelitten haben!

Ruth ist schon geneigt, ihm mildernde Umstände zuzubilligen, aber die Frau ist noch nicht zu Ende: «Man weiß ja nichts Genaues. Es ging nur die Rede, daß eine Kellnerin im Nachbardorf schuld an Marias Krankheit gewesen sei. Aber das ist Lucas Sache und soll jetzt vergessen sein. Wichtig ist nur, daß die Kinder eine gute Mutter bekommen. Myrtha ist ja nicht gerade die Feinfühligste, aber sie scheint das Herz auf dem rechten Fleck zu haben. Das Verhältnis hat ihr wohl zu lang gedauert. So hat sie die Sache zu beschleunigen gewußt.»

Ruth sitzt wie vor den Kopf geschlagen. Was kommt da noch alles auf sie zu? Luca, ein schuldig

Gewordener, der seine Frau auf dem Gewissen hat? Wem hat sie da all die Zeit nachgeträumt? Hat seine Zurückhaltung für Schüchternheit gehalten. Der Götze stürzt vom Podest und zerschellt.

Was nun? Abreisen? Wohin? Sie hat zwei Wochen im voraus bezahlt. Nein, sie wird bleiben und mit hoch erhobenem Kopf lächeln, als wäre nichts anders geworden.

Schwester Ruth schaut über das sonnenbeglänzte Tal zu den klar gezeichneten Höhen. Sie sind so unirdisch prächtig wie je, aber sie kann nichts Schönes mehr daran finden.

Wird diese Leere im Herzen nun immer bleiben? Das wäre nicht auszuhalten!

Wie in einem dumpfen Traum verbringt Schwester Ruth die kommenden Tage. Sie vergräbt sich in die mitgebrachten Bücher, aber es kommt vor, daß sie Seite um Seite umblättert, ohne ein Wort wahrzunehmen. Sie zwingt sich, aufzustehen, hinauszugehen aus ihrem Gefängnis, das sie sich selbst bereitet hat, wie sie sich immerzu anklagt.

Was ist aus der herrlichen Alpenwelt geworden? Dunkel und drohend türmen sich die Berge vor ihr auf. Der Silberbach löst kein Entzücken mehr aus, der Duft der Tannen berauscht sie nicht mehr.

«Was, wenn es dich gar nicht gibt? Wenn es nur ein Wunschtraum der Kreatur ist? Sind da nicht große Widersprüche zwischen Naturwissenschaft und Bibel? Was hat es mit der Schöpfungsgeschichte auf sich?» Sie sieht in einen Abgrund. Schauder und Entsetzen überfallen sie. War alles Einbildung, frommer Wahn?

Wie eine Gehetzte flüchtet sie in die Kirche.

Wenn alles zu Staub und Asche zerfällt, dann möchte sie nicht mehr leben. Dann hat alles keinen Sinn.

Sie ist allein. Kein Sonnenstrahl fällt durch die schmalen, trüben Fenster. Die Stille wird laut, überlaut.

Ein Hohngelächter. Ihr Herz beginnt zu jagen. Ist denn niemand da, der ihr hilft, der sie aus dem Dunkel führt? Zweifel, schrecklichstes aller Gefühle, bitterste aller Nöte!

Wie nach einem Strohhalm greift Ruth nach einem Buch, das auf der Sitzreihe vor ihr vergessen wurde. Sie blättert darin. «In Anfechtung und Bedrängnis» ist ein Titel. Sie liest: «Hagar irrte in der Wüste von Beersheba umher. Ihr Reisevorrat bestand aus einem Brot und einem gefüllten Wasserschlauch. Das Wasser ging zu Ende. Sie legte Ismael unter einem Baume nieder, entfernte sich einen Bogenschuß, setzte sich nieder, erhob ihre Stimme und weinte.

Wir können ein wenig von den Gefühlen ahnen, von denen sie bewegt war. Wenn ich mich nicht täusche, werden in der Geschichte Hagars die Tränen zum erstenmal erwähnt. Ich glaube nicht, daß von ihnen im Bericht der ersten Weltkatastrophe die Rede ist.

Adam ist aus dem Paradies verjagt. Die Schrift sagt nichts von Tränen.

Die Sintflut vertilgt fast ein ganzes Geschlecht. Ich sehe nicht, daß die heiligen Bücher in diesem Augenblick von Tränen berichten.

Hagar sieht ihren Sohn in der Wüste vor Durst sterben. Sie setzt sich nieder und weint.

Diese Einweihung der Tränen hat etwas Feierliches. Sie weint – und siehe, der Engel erscheint.

Gott öffnet der Hagar die Augen und zeigt ihr einen vollen Brunnen. Sie füllt den Schlauch und gibt dem Kinde zu trinken.

Zwischen den großen Augenblicken der Hilfe Gottes und den Wasserquellen, die mit einem Male aufspringen oder entdeckt werden, gibt es häufig eigentümliche Beziehungen. Die Quelle der Gnaden erscheint oft zugleich mit ihrem Sinnbild, und die sichtbare Quelle des Wassers wird zum Zeugnis der unsichtbaren Quellen, die strömen werden.

Was bedeuten die Tränen? Sie sind zugleich ein Geheimnis des Leibes und des Geistes. Ein menschliches Geheimnis, in dem Seele und Leib sich vereinen und eine herzzerreißende Sprache sprechen.

Und in dem Augenblick, da diese Quelle in den Augen der Hagar sich öffnet, erscheint ihr eine

Quelle lebendigen Wassers, das der Erde entspringt, denn Gott, der alles weiß, hat sie dahin gesetzt, wo sie weinen mußte.»

Ruth schließt das Buch. Was soll ihr diese Geschichte? Eine Quelle in der Wüste? Ist es das, was sie begreifen soll? Ja, wenn sie weinen könnte...

Unsicher geht sie hinaus in das Gold des sinkenden Abends.

Der Alltag hat auch sein Gutes. Man findet keine Zeit zu grübeln.

Frau Sigrist hat Zucker, sie bekommt regelmäßig Spritzen. Daneben ist sie aber nicht zu bremsen. Alles ist blitzsauber in ihrer Wohnung. Sie putzt unermüdlich, Tag für Tag.

Jetzt gießt sie Kaffee in dünne Schalen.

«War's schön in den Ferien? Haben Sie sich gut erholt? Braun sind Sie nicht gerade geworden. Wenn ich da an die Sonnenterrasse im ‹Palace› denke... Nie bin ich anders als tiefgebräunt zurückgekommen. Ja, das war einmal. Die Zeiten ändern sich. Ein Fünfsternhotel kann ich mir mit meiner kleinen Rente nicht mehr leisten, aber wenigstens hab' ich es einmal erlebt.»

Frau Sigrist liebt es, mit Schwester Ruth Kaffee zu trinken. Immer ist sie elegant angezogen, geschminkt und frisiert. Ihre von braunen Flecken

übersäten Hände sind mit zahlreichen Ringen ge-
schmückt. Sie liebt es auch, von früher zu erzählen.
Sie holt ein Fotoalbum und blättert darin.

«Das war ich, mit fünfundzwanzig.»

Ein gespannter Blick, aber Ruth schweigt. Es fällt
ihr heute schwer, die erwartete Begeisterung zu zeigen. Kann der Verlust eines Menschen einen so sehr
verändern?

Frau Sigrist blättert weiter: «Egon, meine erste
‹große Liebe›. Ich kann ihn nicht ohne Schmerz ansehen. Ach wissen Sie, Schwester, seinetwegen habe
ich große Schuld auf mich geladen. Schuld, die ich
nicht mehr gutmachen kann.» Ein hilfeheischender
Blick aus trüben, grünummalten Augen.

Ruth ist gar nicht begierig, sich alte Geschichten
anzuhören, aber die Greisin läßt sich nicht mehr
aufhalten: «Es war bei uns zu Hause. Er war mein
Klavierlehrer – ein Student, der sich etwas Taschen-
geld verdienen mußte. Er aß nach der Stunde bei
uns und gehörte bald einmal fast zur Familie. Sehen
Sie, das ist er.» Sie deutet auf ein vergilbtes Bild, ein
Jüngling mit kurzer Nase und langer Oberlippe, ge-
stutztem Haar und forschem Blick. «Zu dieser Zeit
hatten wir ein Dienstmädchen, ein hübsches Ding,
wie ich ungern zugebe. Egon behandelte die Kleine
mit ausgesuchter Höflichkeit. Ich sah meine Chan-
cen schwinden. Da versteckte ich mein goldenes
Halsband und beschuldigte sie des Diebstahls. Ja,

wahrhaftig, das habe ich getan. Umsonst beteuerte sie ihre Unschuld. Sie wurde fristlos entlassen. Das ist jetzt sechzig Jahre her und immer noch nicht vergessen. Ich suchte nach Egons Wegzug nach ihr, konnte sie aber nicht ausfindig machen. Vielleicht ist sie ‹untergegangen›.»

Frau Sigrist poliert ihr Silber wieder und wieder. Sie bearbeitet ihre Teppiche unermüdlich mit Shampoo, reibt Schränke, Türleisten und Fenster sauber, haucht auf Glasflächen, besprüht polierte Flächen. Nein, eine Putzfrau will sie nicht. Selber will sie saubermachen. Jeden Fleck will sie beseitigen, aber den großen Fleck in ihrem Leben vermag sie nicht auszulöschen.

Schwester Ruth hätte darauf eine gute Antwort gehabt. Es gibt eine Möglichkeit, mit alter Schuld fertigzuwerden, aber heute bringt sie kein Wort über ihre Lippen.

Als Ruth todmüde heimkommt, wartet ein Strauß rosa Rosen auf sie. Von wem mögen sie sein?

Nicht sonderlich neugierig legt sich Ruth vorerst auf die Couch. So müde war sie vorher nie. Die Freude fehlt. Wenn das so weitergeht, wird sie ihre Arbeit nicht länger mit gutem Gewissen ausführen können. Ihre Alten brauchen Zuspruch und Aufmunterung, nicht eine Trauerweide wie sie. Ja, sie hat versagt, jämmerlich. Traurig gesteht sie sich's ein. Wie ein Kind, dem man sein geliebtes Spielzeug entwendet hat, schmollt sie. Kein morgendliches Gebet, kein «Wort zum Tag», kein Loblied.

Wie können andere Menschen ein solches Leben nur aushalten? Zu Millionen leben sie so: los vom Ursprung, ohne Sinn und Ziel. Leben um schließlich zu sterben. Ende.

Ruth greift nach dem weißen Kuvert. Ein Spruch obenauf: «Stricke des Todes hatten mich umfangen. Du aber hast dich meiner Seele herzlich angenommen, daß sie nicht verdürbe (Psalm Davids).

Ich werde mich melden. In Dankbarkeit. Klaus Weder, der Mann aus dem Speisewagen.»

Ruth ist es ziemlich gleichgültig. Nach einer Fortsetzung jenes Gesprächs steht ihr der Sinn nicht. Sie ist in der kurzen Zeit eine andere geworden. Es wäre eine große Enttäuschung für ihn, sie so lustlos und entmutigt zu sehen. Es könnte seine gewonnene Zuversicht zerstören.

Was sie wundert, ist nur, wie er sie gefunden hat. Er wußte doch nur ihren Vornamen. Seine Visitenkarte hat sie achtlos zerrissen. Kein Interesse.

Erschöpft fällt sie in einen flachen Schlaf.

Ein Geräusch läßt sie auffahren. Die Türe öffnet sich, obwohl sie abgeschlossen hat. Oder steht es so schlimm mit ihr, daß sie das Alltäglichste vergißt?

Es ist Dino, er muß einen Schlüssel haben.

Das verschwundene Geld... der letzte Zweifel ist beseitigt.

Dino ist keineswegs schuldbewußt. In seiner Rechten hält er triumphierend zwei Noten hoch.

«Alte, hier, selbstverdient! Natürlich hab' ich sie mir ‹ausgeliehen›, falls du sie vermißt hast. Du weißt, dein Bruder ist eine ehrliche Haut, kein Spitzbube. Tut mir leid, wenn ich dich gekränkt habe. Aber jetzt ist alles anders geworden. Ich werde dich endlich verwöhnen können, Schwesterchen. Die sieben mageren Jahre sind vorbei. Ich hab' einen Spitzenjob gefunden und ein Mädchen dazu.»

Dino sieht frisch aus, sauber und fröhlich. Etwas ist anders an ihm. Sollten ihre Sorgen ein Ende haben? Lang genug hat sie sich damit herumgequält.

«Ich habe eine Stelle als Allrounder gefunden, sozusagen als ‹Mädchen für alles›. Ich chauffiere den Herrn und die Dame. Ich gehe einkaufen, mit den Hunden spazieren und begleite Melanie, die bezaubernde Tochter, wenn sie ausgeht; bin ihr Bodyguard. Und weißt du was? Sie liebt mich. Wirklich. Sie hat mich aus dreißig Bewerbern ausgesucht. Die Eltern wollten lieber einen gestandenen Mann, einen mit mehr Erfahrung. Aber nein, sie bestand auf mir. Als Leibwächter – das hab' ich inzwischen gelernt – bin ich für ihre absolute Sicherheit verantwortlich, darf sie keinen Moment aus den Augen verlieren, darf mir keine verdächtige Bewegung oder Person entgehen lassen. Und vor allem muß ich blind sein gegenüber ihren Reizen. Du solltest mich sehen, wie ich das schaffe. Wenn sie sich zutraulich bei mir einhängt, mich aus den Augenwinkeln schelmisch und siegessicher anlächelt, so zucke ich mit keiner Wimper. Der alte Herr kann auf mich zählen; er beobachtet mich scharf. Bis jetzt ist er sehr zufrieden mit mir. Was für eine Überwindung es mich kostet, kühl zu bleiben, kannst du dir denken. Wenn ich sie dir vorstelle, wirst du mich begreifen. Aber Selbstbeherrschung war schon immer meine Stärke. Ich werde meinen schönen Posten auf gar keinen Fall aufs Spiel setzen.»

Ruth sieht ihren jungen Bruder an, wie er da schlank und rank, mit blitzenden Augen, vor ihr steht, ganz in weißes Leinen gekleidet. Sie ist erschüttert ob seiner Gewissenlosigkeit, einfach Geld zu stehlen und es dann zurückzubringen, als sei das ganz in Ordnung. Ein Wunder, daß er nie im Gefängnis gelandet ist.

«Gehen die Einbrüche in der Nachbarschaft auch auf dein Konto?» bringt sie mühsam hervor.

Dino ist entrüstet. Damit hat er wirklich nichts zu tun. Er hat neulich, als sie die Grippe hatte, ihren Schlüssel nachmachen lassen, «für alle Fälle». Als sie ihm dann das Geld für den Kurs – der ihm jetzt zu seinem Glück verholfen hat – verweigerte, sah er sich gezwungen, auf die gleiche Weise wie jener Einbrecher vorzugehen: Türe aufschließen, keine Spuren hinterlassen und nachher nicht mehr abschließen.

«Ich wollte nicht, daß du Verdacht schöpfst, bevor ich dir das Geld zurückbringe. Ich liebe dich doch, das weißt du.»

Alter Schmeichler. Immer wieder ist sie darauf hereingefallen. Wer weiß, wieviel Schuld sie mit ihrer Nachsicht auf sich geladen hat?

Immerhin, vor seinen Pumpversuchen ist sie vorläufig sicher. Mal sehen, wie das mit dieser Melanie weitergeht. Möglicherweise setzt sich das Mädchen in den Kopf, ihn am Ende zu heiraten. Ruth wäre es lieb, wenn der Bruder in feste Hände käme. Ob aber der Boß der Kosmetikfirma einen Habenichts als Schwiegersohn akzeptieren würde?

Schwester Ruth beschließt, ihre alte Freundin Lisa zu besuchen. Diese ist seit vielen Jahren so etwas wie eine Mutter für sie. Außerdem gehört sie zu den wenigen Menschen, die Ruth wirklich ein Vorbild sind: weder geizig noch zänkisch, weder neidisch noch mißtrauisch, noch eitel, noch egoistisch, noch abgestumpft. Von gleichbleibender innerer Heiterkeit, liebt sie ihre Mitmenschen, ganz gleich, wie schwierig sie sein mögen.

Lisa kann nicht mehr aufstehen. Eine schwere Arthritis fesselt sie ans Bett. Es gibt keine Hoffnung auf Heilung, wohl aber das Wissen, daß sich dieses Leiden nach menschlichem Ermessen noch verschlimmern wird.

Ruth schämt sich, der Freundin ins Auge zu schauen, so, wie es jetzt in ihr aussieht. Sicher spürt diese, daß sie die Freude an ihrem Beruf verloren hat, daß sie sich ekelt vor dem muffigen Alteleutegeruch, vor eitrigen Wunden, vor runzeliger Haut, vor beizendem Urin, Hornhaut und verholzten Fußnägeln. Wie häßlich, wie lieblos! Sie sieht sich als Monster, und so kann man nicht leben.

Lisa forscht in ihrem Gesicht. Mit einem Blick hat sie erkannt, daß Ruth elend zumute ist.

Verstellung ist hier nicht möglich. Natürlich kommen sogleich die Tränen, bitter und salzig. Ruth wehrt sich umsonst dagegen. Lange schüttelt es sie, und Lisa sagt kein Wort. Als sich Ruth endlich schneuzt und die Augen abtupft, trifft der Pfeil ins Schwarze: «Es ist wegen Luca, hab' ich recht?»

Nochmals ein Tränenstrom und dann die Beichte: «Ja, aber nicht nur das. Ich habe alle Freude verloren, allen Schwung. Ich habe keine Liebe mehr zu meinen Kranken, sie widern mich an. Ja, ich ertrage sie kaum mehr. Ich habe schon angefangen, Inserate zu studieren, wenn schon Kranke, dann lieber Kinder oder Jugendliche. Verzeih mir, aber so sieht es jetzt aus bei mir.»

Lisa versteht.

«Zuerst zu Luca», sagt sie, das Messer direkt in die Wunde setzend. «Du hast ihn verloren, jetzt ist dir eine Welt zusammengebrochen. Weißt du denn, ob er dir bestimmt war, ob du mit ihm glücklich geworden wärst? Ist nicht seine erste Frau seinetwegen in den Tod geflüchtet? Ja, das weiß ich inzwischen. Er hatte eine Geliebte, das brach ihr das Herz. Bist du sicher, daß es dein Glück gewesen wäre, dein Leben auf diesen Scherben aufzubauen? Was hast du von ihm gewußt? Nichts! Nie hat er dir seine Gedanken erschlossen. Immer nur dieses andeutungsweise Lächeln. Es hat dich fasziniert. Du hast wunder weiß was in ihn hineinspekuliert: Güte, Liebe, Zärtlichkeit, Geborgenheit, Zuverläßigkeit. Was, wenn du ihn geheiratet hättest und dies alles vermißtest? Bodenlos unglücklich hättest du werden können. Du denkst, deine Liebe wäre so stark gewesen, das alles zu ertragen. Das hat schon manche gemeint und sich bitter getäuscht. Ich könnte dir Beispiele erzählen. Du solltest Gott danken, daß er dich vor einem falschen Weg bewahrt hat. Statt dessen schmollst du wie ein Kind, dem man ein geliebtes Spielzeug weggenommen hat. Weißt du denn nicht mehr, daß Gottes Gedanken soviel höher sind als die unseren, soviel höher als der Himmel über der Erde ist? Hast du das deinen Pflegebefohlenen nicht immer wieder gesagt?»

«Genug, genug, du hast ja recht. Ich weiß das alles sehr gut, aber die Freude ist trotzdem weg. Alles ist grau, ohne Farbe, ohne Klang. Wie immer höre ich ‹die Melodie am Morgen›, das ‹Wort zum Tagesbeginn›, aber es geht alles an meinem Ohr vorbei. Nichts hilft mir.»

«Das kenne ich alles», sagt Lisa und lächelt gütig. Ihre verkrümmte Hand faßt nach Ruth. «Da gibt es nur eines: Stillesein und warten. Harren. Auch das Trauern hat seine Zeit. Du wirst wieder lachen. Ja, schau mich nicht so ungläubig an! Es kommt der Tag, und er ist gar nicht so weit, wo du mir sagst: Es war gut, daß es mit Luca nichts geworden ist. Und falls du dir Sorgen machst, es könnte zu spät sein, noch Kinder zu bekommen – das machst du dir doch, stimmt's? –, es ist noch lange Zeit. Und wenn es dir nicht beschieden sein sollte, dann gibt es so viele mutterlose Geschöpflein auf der Welt, denen du deine Liebe schenken kannst. Ich denke aber, daß ersteres der Fall sein wird.»

Ruth geht heimwärts. Sie atmet freier. Wieder ist eine Bürde von ihr genommen. Zumindest ist sie leichter geworden.

Das alte Trinchen liegt im Sterben. Nein, ins Spital wolle es auf gar keinen Fall. Es lohne sich auch gar nicht mehr.

Aber eine große Angst liegt auf seinem Herzen:

Was wird aus Grete, seiner Tochter, wenn es nicht mehr da ist? Jahr für Jahr, Sommer und Winter, hat man das bucklige Frauchen das erste Tram am Morgen besteigen sehen, an jeder Hand eine schwere Tragtasche. Darin ist eine Kanne Kaffee, ist Brot, Wurst, sind Früchte und Nüsse. Trinchen fährt alle Tage hinauf zur Psychiatrischen Klinik und holt ihre geisteskranke Tochter ab. Es mag stürmen oder schneien, bei Glatteis oder Gewittersturm – immer ist sie zur Stelle.

Die Tochter scheint doppelt so groß wie Trinchen. Sie wartet bereits am Tor.

Wortlos setzen sie sich in Bewegung. Die Junge, auch schon gegen die Fünfzig, geht wiegend einher, Fuß vor Fuß setzend.

Auf der ersten Bank lassen sie sich nieder. Das Mütterchen holt die Thermoskanne hervor, das Glas mit dem Kaffeerahm, gießt ein in Kartonbecher, wickelt belegte Brote aus fettigem Papier, schält Äpfel und schiebt alles der Tochter zu. Diese ißt gierig. Sie hat nur noch zwei Zähne im Oberkiefer.

Wenn es regnet oder schneit, setzen sich die beiden in den Wartesaal des Vorortbahnhofs. Manchmal besuchen sie auch ein Restaurant. Es gibt ein Bier für die Tochter und einen schwarzen Kaffee für die Mutter.

Die neugierigen Blicke der Anwesenden ist die Alte gewohnt. Mit hochmütig hochgezogener Augenbraue ignoriert sie sie. Die Tochter achtet nicht einmal darauf.

Sie muß einmal schön gewesen sein. Die Gesichtszüge sind regelmäßig, die Augen braun und das Haar lockig, von einem verblaßten Gold.

Nach dem Frühstück setzen sich die beiden in die Straßenbahn und fahren kreuz und quer durch die Stadt.

Meist beginnt die Tochter zu singen. Es tönt schaurig. Das Kopfschütteln, die befremdeten Blicke der Passagiere kümmern sie nicht. Das Mütterchen sitzt immer einen Sitz hinter ihr. Warum wohl?

Um die Mittagszeit suchen sie sich wieder eine Bank zum Essen, einen Park, einen Schulhof, einen Wartesaal.

So geht das jahraus, jahrein. Der Rücken des alten Frauchens wird immer krummer, aber nie trägt die «Junge» eine der Taschen. Wie eine Schlafwandlerin hüpft sie voraus, gefolgt von der schwerbeladenen Alten.

Einmal hat Schwester Ruth sie angesprochen: «Geben Sie mir eine der Taschen. Die sind doch zu schwer für Sie. Kann die Tochter nicht helfen?»

«Nein, nein», wehrt die Angesprochene eifrig ab, «sie kann das nicht. Man darf sie nicht schelten. Sie kann nichts dafür. Es ist nicht zu schwer für mich. Danke, Fräulein!»

Ruth wollte mehr wissen: «Sagen Sie mir, was fehlt ihr eigentlich? Ich habe Sie beide schon oft gesehen und mich gefragt.»

«Oh, sie war früher ganz gesund – und so schön. Sie verlobte sich, mit einem feinen Herrn. Er erwartete sie in Brüssel. Sie machte die Aussteuer bereit und fuhr mit einem Lieferwagen hin. Das Brautkleid war auch dabei. Einfach alles. Sie freute sich sehr. Nach vier Tagen kam sie zurück. In Brüssel hatte niemand auf sie gewartet. Niemand kannte den Herrn. Die Adresse stimmte nicht. Auf dem Konsulat riet man ihr, heimzufahren. Es käme öfter vor. Ein Heiratsschwindler. Sie wurde krank. Seither ist sie nicht mehr dieselbe. Aber sagen Sie es niemand, bitte! Sie schämt sich so.»

Jetzt ist Trinchen krank. Was wird aus der Tochter, wenn die Mutter nicht mehr da ist? Das ist die große Sorge, die ihr keine Ruhe läßt.

Ruth sollte jetzt sagen, daß sie sich schon um die Kranke kümmern werde. Früher wäre ihr dies leicht über die Lippen gegangen. Jetzt nicht. Noch nicht.

«Sorgen Sie sich nicht. Es gibt immer eine Hilfe», tröstet sie vage. «Sicher gibt es in der Klinik nette Leute, die sich ihrer annehmen.»

«Eben nicht, eben nicht», klagt die Alte verzagt. «Ohne mich ist sie verloren.»

Am Abend stirbt sie. Ohne Kampf. Wie groß wird der Lohn sein für ihre Treue und Selbstaufgabe!

Eine andere Kuriosität ist Madame Fehr.

Nie geht sie von zu Hause weg, ohne ihren gesamten Hausrat mitzunehmen: Silber, Geschirr, Vasen, Kleider, Schuhe, Geld und Sparstrumpf. Eine kleine Karre hat sie, die sie mühsam hinter sich her zieht. Die beiden schweren Säcke müssen jedesmal ins Tram hinein- und wieder hinausgetragen werden. Jedermann ist aufgeboten zu helfen. Ein Dankeschön gibt es nie. Die Einheimischen weigern sich zu helfen. Sie schauen einfach weg. Fremde erbarmen sich, aber nur einmal, denn die Säcke sind ungeheuer schwer, man könnte einen Rückenschaden bekommen. Madame Fehr wohnt an der Endstation, in einem kleinen Häuschen. Nie verließe sie es, ohne alles mitzunehmen, was nicht niet- und nagelfest ist. Es könnte ja einer daherkommen und etwas stehlen. Das würde ihr das Herz brechen. Es sind Kostbarkeiten darunter, die schon ihre Großmutter besessen hat. Bei den vielen Transporten ist zwar schon einiges in die Brüche gegangen, aber besser so, als daß ein Fremder sich der Dinge bemächtigte.

Einmal hat Schwester Ruth der Greisin beim Ausladen geholfen.

«Was ist denn da drin?» hat sie arglos gefragt. «Ist doch viel zu schwer für Sie.»

«Das geht Sie überhaupt nichts an», war die patzige Antwort.

«Helfen Sie ihr nicht», riet ein Zuschauer. «Die

krankt doch an Geiz, geht nie in die Stadt, ohne alles einzupacken und mitzunehmen. Unfreundlich ist sie auch noch. Ein bissiger Geizkragen.»

Das nächstemal fragt Ruth: «Was, wenn Sie sich einmal von all dem trennen müssen? Sie können doch Ihre Sachen nicht mitnehmen. Das letzte Kleid hat keine Taschen.»

Ein giftiger Blick aus trüben Äuglein ist die Antwort. «Kümmern Sie sich um Ihre Angelegenheiten. Um meine kümmere ich mich schon selbst.»

Die Blumen sind noch nicht verwelkt, als Herr Weder anruft. Er will Ruth zu einem Konzert einladen. Sie dankt für die schönen Rosen und sagt, daß sie nicht kommen möchte. Es gehe ihr nicht so gut.

«Das merke ich an Ihrer Stimme. Sie klingt ganz anders, als ich sie in Erinnerung habe. Darf ich fragen, wieso?»

Nein, das darf er ganz und gar nicht. Es wäre falsch, ihn wiederzusehen. Er hat im Zug so viel Hoffnung aus ihrer Fröhlichkeit geschöpft. Seine Zuversicht bekäme einen argen Dämpfer, der frischerwachte Glaube könnte ins Wanken geraten. Fieberhaft sucht sie nach einer plausiblen Ausrede und findet keine.

«Ich hole Sie um sieben ab, einverstanden? Eine Absage lasse ich nicht gelten. Ich habe mich so sehr auf ein Wiedersehen gefreut.»

Es könnte ihr guttun, aber es läßt sie unberührt. Er ist so gar nicht ihr Typ – so ganz anders als... Und er ist auch mindestens zehn Jahre älter als sie. Nein, sie hat gar keine Lust, etwas aufzubauen. Zuerst muß sie wieder mit sich und dem da oben ins reine kommen. Wie hat Lisa gesagt: Durch Stillesein und Hoffen... Auf keinen Fall darf Klaus Weder spüren, wie zerbrechlich ihre Geisteshaltung war.

Sie hat ihn anders in Erinnerung, älter, schwerfälliger, unsportlicher. Kein Wunder, da ist ja ihr Blick noch von ihrem Idol gefangen gewesen, das jetzt vom Sockel gestürzt ist. Daneben konnte kein Mann bestehen. Dummes Ding, das sie war.

Klaus fragt nichts, dringt nicht in sie. Er freut sich ganz kindlich, daß sie mitkommt, rühmt ihr nachtblaues Samtkleid, ihr dichtes Haar, das ohne Haube voll zur Geltung kommt, fragt, ob sie klassische Musik liebe, Grieg vor allem.

Es ist ein schöner Abend. Zu seinem Bedauern ist der frische, offene Ausdruck aus ihrem Gesicht gewichen. Es muß etwas Ernstliches passiert sein. Aber er kann warten.

Er führt sie in ein Lokal mit Kerzenbeleuchtung, will durchaus «etwas Kleines» essen und mit ihr anstossen. Zu beidem hat sie keine Lust. Er muß total enttäuscht sein von ihr. Es wird sicher bei diesem einen Mal bleiben, daß er sie einlädt. Tatsächlich bittet er sie um kein Wiedersehen. Er gibt ihr nur seine

Karte – eine gleiche hat sie schon einmal zerrissen – und sagt, er sei jederzeit unter dieser Adresse zu erreichen.

Wie jedes Jahr verbringt Ruth mit einer Anzahl Betagter die Weihnachtszeit im «Bienenstock». Das ist eine Heimstätte in den Voralpen, an sonnigem Hang gelegen, mit einer herrlichen Aussicht über See und Berge. Viele freuen sich schon das ganze Jahr darauf.

Diesmal hätte Ruth gerne abgesagt, aber das war unmöglich. So machte sie sich denn an die Vorbereitungen der Morgen- und Abendandachten und erfuhr dabei Erstaunliches: Glaube ist der Vogel, der singt, wenn die Nacht noch dunkel ist.

Es ist ein schneeloser Winter. Dunkelgrau liegt der Seespiegel in der Tiefe. Grau sind auch die schroffen Berghänge am jenseitigen Ufer, aber in den hellen Holzstuben brennen Kerzen, riecht es nach Tannengrün, erklingen Lieder und Musik.

Sie sind eine große Familie, sitzen um den mächtigen Tisch und genießen das reichhaltige Essen.

Hier werden viele Fragen gestellt und beantwortet.

«Sagen Sie mir ganz ehrlich, Schwester», fragt ein silberhaariger Herr bekümmert, «ist das Alter nicht eine grausame Gemeinheit? Alles läßt nach, alles schwindet: Gehör, Gesicht, Gehirn, Muskelkraft.

Gibt es da überhaupt noch einen Grund, fröhlich zu sein, wie das hier praktiziert wird? Ist das nicht eine Ironie, ein Theater, eine Heuchelei? Wir sind doch überfällig, überflüssig, wertlose Materie. Ich habe von einem Eingeborenenstamm gelesen, der die Alten auf den Berg schickt, wo sie sterben können. Verhungern oder erfrieren. Die machen kurzen Prozeß. Und die Jungen, die ihre Großeltern ‹auf die Reise schicken›, wissen: Eines Tages sind wir dran. Da ist kein wehleidiges Selbstbedauern. Das ist der Lauf der Welt, basta.»

Schwester Ruth fällt die Antwort nicht schwer: «Haben Sie nie von all den Völkerstämmen – vor allem im Osten – gehört, wo die Alten höchste Priorität haben? Wo ihre Ansichten gefragt sind und beherzigt werden? Wo man ihnen mit größter Ehrfurcht begegnet, sie liebt und achtet und ehrt. Sie sind und bleiben Familienoberhaupt bis zum Tod. Natürlich bedingt diese hohe Stellung auch Weisheit und innere Größe. Dies muß gelernt und geübt werden. Ich bin sicher, wenn unsere Alten das mehr lernten und beherzigten, wären auch ihnen Liebe und Wertschätzung ihrer Angehörigen sicher. Ich kenne viele wunderbare Frauen und Männer, die vorbildlich leben und entsprechend behandelt werden. So ertragen sie mit Geduld und Ergebung ihre Gebrechen, wissend, daß sie einmal einen neuen, unversehrten Leib bekommen werden.»

«Wenn man das wüßte», staunt da der Silberhaarige, «das gäbe eine ganz neue Dimension. Da wäre wieder Hoffnung. Das ist ja das, was uns fehlt. Jetzt weiß man nur, daß man am Ende sterben muß. Aus, amen, Schluß!»

«Deshalb sind wir ja hier oben», lächelt Ruth, «um das festzumachen: die lebendige Hoffnung. Morgen behandeln wir das Thema: Leiden – eine große Chance. Sehen Sie, da möchte ich von Menschen erzählen, die ihr Leben vergeudet haben in Eigennutz und Eitelkeit. Es hätte mit ihnen ein böses Ende genommen, wären sie nicht in die ‹Schule des Leidens› geraten. Einige verzweifelten darin, die Mehrheit aber ließ sich umgestalten, lernte um Hilfe schreien und gewann das, wofür wir überhaupt leben. Ich war in einem Heim, wo durchwegs friedlich und selig gestorben wurde, in der Gewißheit, daß einer am andern Ufer steht und wartet. Und dort gibt's kein Leid mehr, nur noch Freude.»

Darauf weiß der alte Herr nichts mehr zu sagen. Er ist einer der Aufmerksamsten in dieser Weihnachtswoche.

Je mehr Trost und Zuversicht Schwester Ruth weiterzugeben versucht, desto leichter wird ihr ums Herz. Es kommt ihr vor, als betreffe das alles zunächst sie selber.

Am Heiligabend spaziert sie mit den paar wenigen, die noch gehen können, hinunter zur kleinen

Dorfkirche. Der große Lichterbaum strahlt, die alte Orgel jubelt, und feierlich tönt der Gesang der Berggemeinde: «...Welt war verloren; Christ ist geboren: Freue, freue dich o Christenheit!»

Vorfrühling, die Wiesen märzbraun, Vogellaute in der durchsichtigen Luft, blaue Räuchlein, steil aufsteigend, und Weidenkätzchen in den Gärten.

Ruth sieht und riecht und spürt alles. Wie ein Wunder kommt es ihr vor.

«Ihr werdet hüpfen wie die Mastkälber», hat sie heute im «Wort zum Tag» gehört. Warum hüpft ein Mastkalb? Weil es einen langen, dunklen Winter lang im dumpfen Stall eingesperrt war und jetzt ins Freie gelassen wird. Ja, so ähnlich fühlt sie sich heute. Der Winter war dunkel, muffig und bang. Jetzt ist er überstanden.

Schwester Ruth hat eine neue Patientin. Sie wohnt gleich um die Ecke. Frau Mathissen ist aus dem Spital entlassen worden. Man hat ihr einen Herzschrittmacher eingesetzt. Sie ist schwach. Bald wird ein Pflegeheim sie aufnehmen. Es kann sich nur noch um Wochen handeln.

Kaum erkundigt sich Schwester Ruth nach ihrem Ergehen, bricht die Frau in Tränen aus.

«Es ist eine Gemeinheit, so alt und hilflos werden zu müssen. Ich bin jedermann eine Last. Mein Sohn wartet ungeduldig, daß es mit mir ein Ende hat. Seit er weiß, daß das Pflegeheim all meine Ersparnisse in kurzer Zeit verschlingen wird, hat er alle Selbstbeherrschung fallen lassen. Die freundliche Maske ist weg. Man sollte nicht so alt werden müssen. Man ist sich und den andern nur eine Last.»

Schwester Ruth nimmt die alte Frau in den Arm, wischt ihr die Tränen ab, weiß nicht, wie sie trösten soll. Es stimmt, was Frau Mathissen sagt. Die Angehörigen wären erleichtert gewesen, wenn der Kreislaufkollaps das Ende bedeutet hätte. Das war deutlich aus den Worten des Sohnes herauszuspüren, als er gestern mit ihr gesprochen hat.

Sie braut rasch einen Kaffee, kramt Biskuits aus der Büchse und setzt sich zu der Kranken. Erst einmal nur «dasein», mitfühlen, teilnehmen. Und dann die Frage: «Sie hatten aber sicher auch viel Schönes im Leben, hab' ich recht?»

Da kommt die alte Frau ins Erzählen: von Karl, ihrem gütigen Mann – der leider viel zu früh gestorben ist. Von den Kindern, als sie klein waren, den Ferien in den Bergen, den Festen im Bauernhaus der betagten Eltern, wo alle Geschwister sich mit ihrem Nachwuchs versammelten. Von der Freude an den Enkeln, dem Stolz über ihre gefreute Entwicklung. O ja, es gab viel Schönes, das muß gesagt sein. Ordentlich in Eifer hat sich Frau Mathissen geredet. Nur, von der Erinnerung kann man ja nicht leben.

«…aber man hat ja noch einen Ausblick», tröstet Ruth die Alte. Sie stellt den kleinen Transistorradio auf Monte Carlo ein. «Hören Sie jeden Morgen und Abend um die gleiche Zeit! Das wird Ihnen ganz andere Perspektiven erschließen. Der Horizont weitet sich, man nimmt teil an Leid und Freud der andern, man lernt einzustehen für fremde Not und vergißt dabei die eigene. Wollen Sie's versuchen?»

Die alte Frau mit dem dünnen, weißen Haar über der rosigen Kopfhaut und den trüben, vom Weinen geröteten Augen verspricht es. Ein Lichtblick, eine Hoffnung.

«Jaja», sagt sie beim Abschied, «jeder will lange leben, aber alt werden will niemand.»

Dino hält Wort. Er bringt das Mädchen Melanie heim. Es ist ein Halbblut, die Mutter ist eine Schwarze. Es hat kurzes, krauses Haar, schimmernde Haut und leuchtende Augen. Anmutig schreitet es auf und ab, begutachtet die Bilder, guckt schnell aus den Augenwinkeln zu Dino hin, der kühl und unbeteiligt den Kühlschrank inspiziert.

«Machst du uns etwas Kleines zurecht? Wir sind hungrig.»

Ruth amüsiert sich über sein machohaftes Verhalten, aber er muß wohl so handeln. Melanie weiß ganz genau, daß sie ihm überaus gefällt. Das spürt man doch. Man hat schließlich seinen sicheren Instinkt. Warte nur, verrät ihr heimliches Lächeln, dich krieg' ich schon!

Dino ärgert sich. Was er dem Papa in die Hand versprochen hat, das wird er halten, ganz gleich, was es ihn kosten mag. Der Job ist der beste, den er sich nur wünschen konnte: abwechslungsreich, verantwortungsvoll, gut bezahlt. Wie für ihn gemacht.

Beim Abschied fällt Melanie Ruth um den Hals. Kein Zweifel, sie sieht in ihr bereits die künftige Schwägerin, und wenn nicht alles trügt, wird das Mädchen auch hier seinen Willen durchsetzen und sein Ziel erreichen. Die Eltern sind gewiß Wachs in seinen Händen.

Die Tage werden länger, der Frühling kommt mit Prangen.

Wohin in den Ferien? Nach Sils? Warum auch nicht? Das Herz ist am Gesunden, die Freude ist wiedergekehrt.

Mit Staunen fühlt Ruth, daß sie ihre Kranken anders liebt, besser. Jetzt greift ihr deren Not mitten ins Herz. Hat sie doch erfahren, wie Kummer tut. Vorher ist es ihr nur bis an die Haut gegangen. Ja, sie weiß wieder, wo sie hingehört. Hier gilt es, so viel Trost zu bringen, aufzurichten, wegweisend zu wirken. Dies ist ihr Platz im Leben.

Die Visitenkarte von Klaus Weder hat sie erneut zerrissen.

Schiffe, die sich begegnet sind. Einmal waren sie auf gleicher Höhe. Jetzt ist jedes auf seinem Kurs weitergefahren; sie haben sich aus den Augen verloren. Ihm ist es gewiß nicht anders ergangen. Sie ist nur froh, daß sie ihm und seinem Vater die gute Nachricht hat weitergeben können.

Der Koffer ist gepackt. Morgen geht's in die Berge.

Ruths letzter Besuch gilt einer schwergeprüften Witwe. Bald nach dem frühen Tod ihres Mannes verunglückte der einzige Sohn. Er starb an den schweren Verletzungen. Drei Wochen hatte sie an seinem Spitalbett gewacht, gebangt und gehofft. Umsonst. Das Leben bedeutete ihr nichts mehr. Sie verweigerte das Essen. Sterben wollte sie. Sie war entkräftet, ausgebrannt von Tränen, haderte mit Gott und der Welt.

Da geschah ein Wunder: Eine Nichte hatte ihre Wohnung verloren. Mit zwei kleinen Mädchen stand sie auf der Straße. Die Witwe hatte mehr als genug Platz. Als sie gefragt wurde, ob sie die Familie aufnehmen könnte, sagte sie gleichgültig zu. Die junge Verwandte erwies sich als umsichtige Hausfrau und liebevolle Pflegerin. Der Mann sah im Haus zum Rechten. Die beiden Kinder aber kletterten der Tante aufs Bett, ließen sich Geschichten erzählen, liebkosten sie und erwärmten mit ihrem zutraulichen Geplauder ihr erstarrtes Herz. Sie begann, wieder einen Sinn zu sehen, wieder zu leben.

Nun gerade erholt sie sich von einer schweren Grippe. Schwester Ruth bringt ihr die Medikamente. Wie sie kommt, sitzt die Witwe in ihrem Stuhl am Fenster und liest. «Sehen Sie, was ich eben in Ihrem Büchlein zum heutigen Tag entdeckt habe. Ist das nicht gerade wie für mich geschrieben?»

Ruth liest: «‹Ich will den dritten Teil durchs Feuer führen und läutern, wie man Silber läutert, und prüfen, wie man Gold prüft. Die werden dann meinen Namen anrufen, und ich will sie erhören. Ich will sagen: Es ist mein Volk, und sie werden sagen: Herr, mein Gott!› Die Gnade verwandelt uns in kostbares Metall, und dann kommen Feuer und Schmelzofen als notwendige Folge. Erschrecken wir davor? Möchten wir lieber als wertlos geachtet werden, um Ruhe zu haben wie die Steine des Feldes? Das hieße, das schlechtere Teil wählen. Nein, Herr, wir wollen lieber mit Freuden in den Schmelzofen geworfen als von deinem Angesicht verworfen werden.

Das Feuer läutert nur, es zerstört nicht. Wir sollen durch das Feuer hindurchgeführt, nicht darin gelassen werden. Der Herr wertet die Seinen wie Silber, und deshalb läßt er sie von Schlacken reinigen. Wenn wir weise sind, werden wir den Läuterungsprozeß eher willkommen heißen, als uns dagegen zu wehren. Unser Gebet wird mehr dahin gehen, daß wir von schlechten Zusätzen befreit, als daß wir aus dem Schmelztiegel genommen werden.

Herr, du prüfst uns tatsächlich. Wir sind fast aufgelöst von der Wut der Flammen. Doch dies ist dein Weg, und dein Weg ist der beste. Erhalte uns in der Prüfung, und vollende den Prozeß deiner Läuterung, damit wir dein seien in alle Ewigkeit.»

Herrlich ist's, durch die taunassen Weiden zu gehen, das «große, stille Leuchten» über sich, den übermütigen Bergwind im Haar.

Schwester Ruth kann wieder staunen ob all der Schönheit ringsum: «Nein, wie fein du diese Farne gegliedert hast! Ein vollkommener Künstler bist du! Und welche Wonne, diese balsamischen Wohlgerüche! Oder das Eichhörnchen dort, wie behende es den Stamm erklimmt, mit glänzenden Äuglein durch die Äste späht. Wunder der Schöpfung, wohin das Auge reicht!»

Dort kommt Luca vom Stall herunter, zwei volle Milcheimer in den Händen. Nein, kein Herzflattern, kein kurzer Atem. Das ist überstanden.

In den Nächten schreit der Säugling, aber es stört Ruth nicht. Myrtha, die Frau, ist nervös, schimpft oft herum. Sie hat alle Hände voll zu tun. Hausarbeit ist sie noch nicht gewohnt. Und das Baby ist ein rechter Schreihals. Keine Nacht kann man durchschlafen.

«Schwester Ruth!» Luca ist stehengeblieben. Er drückt ihre schmale Hand mit der schwieligen Rechten. Er sucht nach Worten. Wieder will ihm nichts Vernünftiges einfallen. Das ist ihm mit ihr immer so ergangen. Sie ist so anders als alle andern, so etwas Besonderes. Ist sie überhaupt ein Wesen aus Fleisch und Blut? So wie Myrtha, die sich jetzt so schwer tut mit ihrer neuen Aufgabe?

Ruth erkundigt sich unbefangen nach dem Säugling, empfiehlt Fenchel- und Orangenblütentee zur Beruhigung. Mit der Zeit werde das Baby schon lernen, durchzuschlafen, keine Sorge!

Als Luca sich verlegen lächelnd verabschiedet, wundert sich Ruth. Wo hatte sie nur hingeschaut? War sie blind gewesen? Zwar stört sie der strenge Stallgeruch nicht, der hat immer zu Luca gehört, aber die drahtigen Haare, die ihm aus Nase und Ohren wachsen, dürfte er schon einmal abschneiden. Die zahlreichen Mitesser auf Nase und Wange sollten dringend ausgedrückt werden. Daß das Myrtha nicht stört! Aber sie hat es vorher ja auch nicht einmal bemerkt.

Sie lächelt über sich selbst. Ja, Luca ist für sie zu einem ganz alltäglichen Mann geworden. Der Wahn ist überwunden. Jetzt soll aber auch nichts und niemand mehr ihren Frieden stören, sie aus der Fassung bringen. Einmal ist genug. Sie hat Besseres zu tun. Ihr Platz ist bei den Alten und Kranken.

Als sie müde von ihrer Bergwanderung zurückkehrt, wartet Klaus Weder auf sie. Wie der sie immer ausfindig machen kann! Der reinste Detektiv.

Er habe ein paar Tage Ferien und lade sie zum Nachtessen ins Hotel «Muotas Muragl» ein, wo er ein Zimmer belegt habe.

Ruth zieht ihr «Kleid für besondere Anlässe» an, das nachtblaue Samtkleid mit der eierschalenfarbenen Spitze. Ihr dunkles Haar bürstet sie, bis es knistert. Er soll sich aber nur ja nichts einbilden!

Klaus ist voller Freude, sie verwöhnen und bedienen zu dürfen.

Eigentlich ist er sympathisch, aber sie liebt ihn nicht. Er meint zwar zuversichtlich, das solle sie seine Sorge sein lassen. Er scheint seiner Sache ja sicher zu sein. Jetzt, das sie ihren Weg so klar erkennt, muß er kommen und sie beschwatzen. Er hat tatsächlich einen festen Plan für ihre gemeinsame Zukunft. Vorerst könne sie ihre Senioren weiter betreuen, aber wenn sich dann Kinder anmeldeten, werde sich das ändern.

Kinder. Ruth sitzt und sinnt. Das kommt alles so plötzlich. Sagen kann sie nichts.

«Mein Vater brennt darauf, meinen ‹Engel aus dem Speisewagen› kennenzulernen. Welche Veränderung ist mit ihm vorgegangen, seit er in Ihrer ‹Guten Nachricht› liest. Er hat wieder eine Zukunft, und was für eine!»

Immer noch schweigt Ruth. Jetzt, wo sie ihr Leben so klar gezeichnet vor sich gesehen hat, wo alle selbstsüchtigen Träume und Wünsche überwunden sind, kommt dieser Mann daher und bringt alles durcheinander. Am besten, sie steht auf und geht. Sie kann jetzt keine Erschütterungen brauchen, die ihre mühsam errungene Zuversicht ins Wanken bringen.

«Ich bin ganz sicher», beschwört Klaus die Stumme, «daß der ‹oberste Chef› persönlich das alles arrangiert hat: unser Zusammentreffen und unsere gemeinsame Zukunft.» Klaus sieht sehr nett aus, wenn er sie so bittend anschaut.

Ruth beginnt zu lächeln. Das vom «obersten Chef» hat er schön gesagt. Wenn es sich wirklich so verhält – was noch zu prüfen ist –, dann bekommt alles ein anderes Gesicht, denn: Sein Wunsch ist ihr Befehl.